てんきち母ちゃんの

朝10分、あるものだけでほめられ弁当

井上かなえ

文藝春秋

はじめに。

長男を保育所に預け共働きし、自分とオットのために
弁当を作っていた頃から数えておよそ 10 年後……。
ガッツリ系茶色おかずをこよなく愛するオットのために作る素朴弁当を元にした
1 冊目の弁当本、「オッサン弁当」を出版させていただいたのは、そんな頃でした。
その頃は平日はオットの弁当、週末はサッカー部の中学生の息子弁当を
せっせと作っていましたが、時は流れてそれからさらに 5 年。
真ん中の娘が中学に入り、今度は毎日毎日来る日も来る日も休みなしで娘弁当を
メインに（娘は週 7 弁当、大学生になった長男は週 4 弁当）作るお弁当生活に突入！
（ちなみにオットは現在お昼はおいしい社食へ Go ★）
以前はとにかくごはんにあう、飾りは一切なしの
ボリューミーな茶系地味おかず満載の「オッサン弁当」でしたが
評価がシビアな娘向けに作る弁当は、
まず食べる相手が喜んでくれるかどうかという
相手目線の「ほめられ弁当」です。
作り手であるわたし目線から言えばもちろん、
・簡単で
・時短で
・材料が安価である
なのはもうあたりまえ、当然のことなんですが、
それをベースにしつつも、しかも
・めっちゃおいしくて
・ちょっと見た目にもよろしくって
・お友だちにも自慢したくなるような
そんな相手目線のお弁当。それが「ほめられ弁当」です。

娘はとにかく感想を言ってくれます。
感想を言うために 1 品ずつめっちゃ真剣に食べます。
毎日その感想を聞くうちに、じゃあ次はこうしよう、明日は今日よりももっと喜ぶ弁当にしてやろう、
こんなのを入れたらきっと喜ぶんじゃないかな、めっちゃおいしかったって言ってくれるんじゃないかなと、
母さんすごいってほめてくれるんじゃないかなと、考える。
どんどんわたし自身がレベルアップできたのには（現在進行形かも？）そんな理由があるのです。

この本は時短のワザを駆使して朝10分で作れて、
しかもとりたてて特別な買い物をしなくても冷蔵庫にいつもありがちな基本の食材だけで作れる、
それなのに女子中高生からも「おいしい！　かわいい！　母さんすごい！」とほめてもらえる
弁当おかずばかりを集めた、まさに最強の弁当本であります。
皆さまの毎日のお弁当作りにも、きっとお役に立てることと思います。

家族の紹介

かな姐《ねえ》（母さん）

料理大好き、料理が仕事の料理ブロガー。多いときで月に８回くらいある東京への出張も、なるべく日帰りにしているそのわけは、実は娘の弁当を作るため。どんなに遅く帰ってもどんなに二日酔いでも、朝は必ずいつも通りの５時半に起きて弁当を作る毎日。

てんきち兄さん（長男）

大学２年生。もちろん学食でも外食でもよりどりみどり選びたい放題ですし、大学構内では激安１食280円の弁当も売られているにもかかわらず、何故か毎日弁当を持って行っている……。節約？ ちなみに料理は上手で、母さんが出張の時など妹たちに手料理を振舞えるレベル。

なーさん（長女）

中学３年生。なーさんの中学校は毎日お弁当が必要。学食もあるのだが、所属する部活のルールで学食は禁止、太るのも禁止されている。食べることがとにかく大好き。タイ料理大好き、パクチー大好き、牡蠣料理大好き、常においしいもののことを考えている。

すぅさん（次女）

中学１年生。すぅさんの中学校は毎日給食が出るので基本は弁当はいらないが、たまに週末部活用弁当、遠足などの行事弁当がいる。食べ物の好き嫌いが大変多いため、高校生になって毎日弁当を持っていくようになったら入れるおかずに困るだろうなと母さんは今から心配。

オット（夫）

かな姐より６歳上のサラリーマン。会社にも友だちにも周りの人には一切妻の仕事の話はしていないという秘密主義。料理は一切できないどころか台所に入ることもしなかったが、最近コーヒーを淹れられるようになった（めっちゃ進歩！）。

メイさん（愛犬）

ラブラドールレトリバーの女の子。母さんのことが好きでたまらない、ストーカー犬。

Contents

はじめに。 … 2
家族の紹介 … 4

てんきち母ちゃんの
朝10分、あるものだけでほめられ弁当 … 10

よく買う食材はこれだけ！
それでも毎日、
「ほめられ弁当」作れます。 … 12

常備しておくと便利な食材＆調味料 … 14

あるものだけでほめられ弁当♥
リアル1週間、全部見せます！

月曜日
鶏じゃがバターしょうゆ弁当 … 16
鶏肉とじゃがいものバターしょうゆ照り
アスパラのみそ絡め／マヨわかめの玉子焼き

火曜日
鮭の焼き春巻き弁当 … 18
鮭の焼き春巻き
じゃがいもとベーコンのレンジカレー煮
ブロッコリーのアーモンド炒め

水曜日
シーフードミックスかき揚げ丼弁当 … 19
シーフードミックスのかき揚げ丼
豆苗の梅和え／かぼちゃのグリルのみそ絡め

木曜日
豚薄切り肉とごぼうのハンバーグ弁当 … 20
豚薄切り肉とごぼうのハンバーグ
ほうれん草とチーズのコチュジャン和え
にんじんとじゃがいもの塩昆布グリル

金曜日
高野豆腐の照り焼き丼弁当 … 21
高野豆腐の照り焼き丼
きのこといんげんの塩レモン蒸し
じゃがいものケチャップサラダ

土曜日
オムライス弁当 … 22
オムライス／さつまいものマヨサラダ

コラム　長男てんきちとお弁当 … 24

第1章
おいしい！のヒミツ

手早く、おいしいお弁当　7か条 …27

コク旨 甘辛味

牛肉と卵のオイスターソース炒め …28
鶏もも肉のグリル照りマヨ
ピーマンの甘辛おかか煮
かぼちゃの甘辛サラダ
レンコンの甘酢煮 …29
豚肉と玉ねぎの甘辛
鶏胸肉のお好み焼き風
ピーマンとさつまいも甘辛炒め
食べればコロッケ風お揚げの巻き巻き …30
ぽりぽりにんじんのレンチンきんぴら
シーフードとじゃがいもの甘辛煮
豚肉のカリカリ焼き　甘辛絡め
揚げサワラの甘辛 …31
キャベツの甘辛煮
豚肉のエリンギ巻き　照り焼き
鶏もも肉といんげんのピリ辛

シンプル塩味

鶏胸肉とピーマンの塩炒め …32
さつまいものグリル
キャベツの塩ごま蒸し
レンコンのハーブグリル
レンコンと鶏ひき肉の塩つくね …33
セロリの塩昆布和え
白だしチキンソテー
豚薄切り肉と豆苗の塩だれ煮
自家製塩サーモンのグリル …34
ピーマンの塩昆布和え
ブロッコリーの白だし浸し
乾燥わかめと玉ねぎのグリル
じゃがいもとにんじんの塩きんぴら …35
ナスのレンチン蒸し
高野豆腐の塩から揚げ
豚肉と大葉のハンバーグ

みそ味

ナスの豚巻き　めんつゆみそ絡め …36
鶏もも肉のみそダレ焼き
ほうれん草のごまみそ和え
じゃがいものレンジみそ煮
鶏胸肉の甘みそ絡め …37
キャベツのからしみそマヨ
油揚げの大葉チーズ　みそくるくる
レンコンと鶏もも肉のみそ炒め
ささみのみそマヨチキン …38
豚肉とピーマンのみそ炒め
にんじんの酢みそ和え
かぼちゃのみそバター蒸し
玉ねぎのみそマヨグリル …39
ナスの梅みそ和え
ブロッコリーとショートパスタのみそ味サラダ
いんげんとじゃがいものみそチーズ和え

さっぱりしょうゆ味

豚肉とセロリの春雨炒め …40
ゆで豚のからししょうゆ和え
焼きサーモンといんげんのしょうゆ浸し
ちくわのチーズしょうゆソテー
キャベチーズのお揚げ巻き …41
キャベツのお浸し
鶏胸肉のからししょうゆ浸し
高野豆腐のおかかしょうゆステーキ
高菜の焼きそば …42
ほうれん草とお揚げの生姜じょうゆ
ナスのからししょうゆ和え
かぼちゃのしょうゆ蒸し
豚ひき肉とナスのしょうゆそぼろ …43
きのことシーフードのバターしょうゆ
にんじんのチヂミ
豆苗とチーズのわさびしょうゆ和え

マヨ味

サワラのマヨから揚げ …44
豚肉としめじのマヨ焼き
キャベツのマヨペペロン
千切りにんじんのゆかりマヨ

ひき肉のマヨオムレツ …45
ブロッコリーのごまマヨ和え
鶏胸肉のオイマヨ和え
しょうゆマヨの焼きうどん
鶏もも肉のマヨポン炒め …46
和風ごぼうサラダ
セロ玉サラダ
鮭マヨ
かぼちゃとベーコンのからしマヨサラダ …47
ナスのみそマヨ炒め
シーフードとしめじのマヨおかか炒め
レンジゆかりポテサラ

ケチャップ味

豚肉と玉ねぎのケチャマヨ …48
サーモンのケチャップ照り焼き
レンコンのケチャップきんぴら
かぼちゃのケチャップチーズ焼き
豚こまハンバーグ
鶏胸肉のチリケチャ
ふわふわ卵のケチャップ味 …49
牛肉と玉ねぎのケチャップ炒め
きのこのケチャップ和え
油揚げと玉ねぎのケチャップ炒め
チキンチャップ
ふわふわキャベツのケチャップかけ

梅味

グリルチキンの甘辛梅浸し …50
ほうれん草とチーズの梅肉和え
サワラの梅しょうゆ焼き
キャベツの梅サラダ
ささみのピカタ
鶏胸肉の梅ぽんソテー
梅つくね …51
梅入りだし巻き
じゃがいもの梅ナムル
ナスの梅和え
梅塩焼きそば
豚肉のチーズ入り梅生姜焼き

カレー味

鮭のカレー塩焼き …52
ほうれん草とコーンのバターカレー
ゆで豚といんげんのカレーしょうゆ和え
豚肉と玉ねぎの和風カレー炒め
にんじんのカレーマリネ
鶏胸肉のハニーカレー照り焼き
鶏もも肉のグリルカレー浸し …53
かぼちゃのカレーバター煮
玉ねぎのカレーかき揚げ
ささみのカレー竜田
焼かない焼きカレーうどん
甘辛カレー味のチーズ入り卵焼き

サラダ＆デザート

シーフードとパプリカのすっぱ炒め …54
オレンジとトマトのスイートマリネ
いちごのマリネ
キウイとにんじんのマリネ
さつまいもとリンゴのマーマレード煮 …55
グレープフルーツとセロリのサラダ
キャベツとにんじんのコールスロー
さつまいものスイートサラダ
リンゴとキャベツのサラダ
かぼちゃのハニーナッツサラダ

コラム　長女なーさんとお弁当 …56

第2章
時短のワザ

Rule 1
電子レンジでおかず3品を同時に作る！

- ピーマンの肉詰め弁当 …58
  - ピーマンの肉詰め
  - レンジラタトゥイユ
  - さつまいものレモンバター蒸し

- ジンジャーサーモン弁当 …60
  - ジンジャーサーモン
  - きのこのおかか煮
  - ナスとピーマンのポン酢絡め

- 豚肉とピーマンの細切り炒め弁当 …61
  - 豚肉とピーマンの細切り炒め
  - じゃがいものツナ煮
  - セロリのからし和え

Rule 2
魚焼きグリルでおかず3品を同時に作る！

- 豚肉目玉焼き弁当 …62
  - 豚肉の白だし焼き
  - 目玉焼き
  - 焼きアスパラとベーコンのサラダ

- さくさくささみフライ弁当 …64
  - ささみフライ
  - 焼ききのこのおかかしょうゆ
  - キャベツのみそわさび

- ナスハンバーグ弁当 …65
  - ナスハンバーグ
  - グリルでゆで卵
  - かぼちゃサラダ

Rule 3
寝ている間にできているポリ袋漬けレシピ

- キャベツのさっぱり白だし漬け …66
- 大根のレモン漬け
- にんじんの中華風漬け …67
- きゅうりのめんつゆ生姜漬け
- 小松菜のからし漬け
- ごぼうのごま和え

Rule 4
お湯を注ぐだけでお昼に食べごろスープジャーレシピ

- 春雨入り梅のお吸い物 …68
- 桜えび香る中華スープ
- たっぷりキャベツのスープ …69
- プチトマトとコーンのチーズスープ
- きのこのコク旨オニオンスープ
- マカロニコーンのカレースープ

Rule 5
週末作って朝つめるだけ！常備菜レシピ

- ささみのレンチンオイル蒸し …70
- レンコンのオイスターソース炒め
- 韓国風きんぴらごぼう
- さつまいもの甘煮
- きのこの粒マスタードマリネ
- きのこの旨煮 …71
- チンゲン菜のごま塩ナムル
- お揚げの炊いたん
- 根菜の甘辛
- 味付き卵
- 揚げナスとパプリカの生姜じょうゆ

第3章
かわいいのコツ

Tips 1
みんなに自慢したい
かわいすぎる“6色そぼろ丼”

6色そぼろ丼 …74

Tips 2
おいしい♥かわいい♥食べやすい♥
“おにぎらず”が話題です！

おにぎらず弁当 …76

そぼろ丼にもおにぎらずにも使える！
ごはんに合うそぼろ具材 …78
しめじの塩昆布煮／ナスの塩ツナそぼろ
いんげんの塩昆布バター
にんじんのごまきんぴら／ゆかりマヨ卵
ピーマンのマヨカレー炒め
柚子胡椒の鶏そぼろ／甘辛豚そぼろ
牛の梅ポンそぼろ
サバ缶のからしみそそぼろ／豆腐そぼろ
しゃきしゃきセロリのみそマヨ

Tips 3
おかずをドーンとのっければ
なぜかおいしそうに見える
“のっけ丼”の謎！

サーモンのネギマヨのっけ丼弁当 …80
豚肉のみそ漬け焼きのっけ丼弁当 …82
ナスとお揚げの甘辛煮のっけ丼弁当 …83

お弁当をかわいくする
ちょっとしたコツ10連発 …84

おわりに。 …88

素材別さくいん …90

てんきち母ちゃんの
朝10分、あるものだけで
ほめられ弁当

毎日忙しく過ごしていると、買い物に行けない日もあるし、
「あれ、お弁当の主役になるもの、なにもない！！！」なんて日もあります。
でも大丈夫！
どこのおうちの冷蔵庫にも常備されていそうなよくある食材だけで
味にも、見た目にもうるさい娘たちから絶賛される、
おいしくてかわいい「ほめられ弁当」を作ることは可能です。

よく買う食材はこれだけ！
それでも毎日、「ほめられ弁当」作れます。

うちの冷蔵庫の定番食材は、どこのスーパーでも通年売っているものばかり。
特別なものはありません。これだけで、毎日変化にとんだお弁当が作れます。
本書のレシピはほぼすべて、ここに載っている食材を使っています。

薄切り肉
炒め物や野菜巻きに。
豚バラ、豚もも、牛肉など。

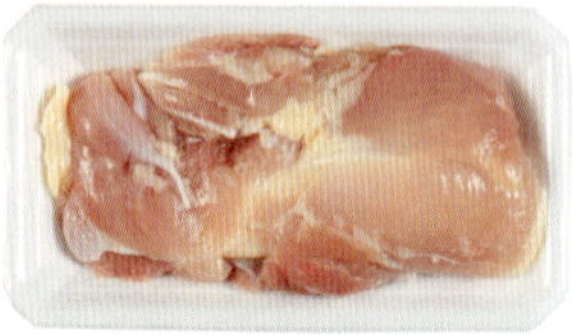

鶏肉
好みでもも肉、胸肉、
ささみなど使い分けて。

ミンチ
料理によって豚肉、鶏肉、
合いびきなど、使い分け。

青魚系
サバ、サワラなど。
脂がのって、濃厚な味わい。

白身魚系
鮭、タラなど。淡泊なので、
さまざまな味付けに対応。

卵
味、彩り、栄養価と、
三拍子揃った優等生素材。

じゃがいも
保存性があり、腹持ちもよいので、
使い勝手が◎。

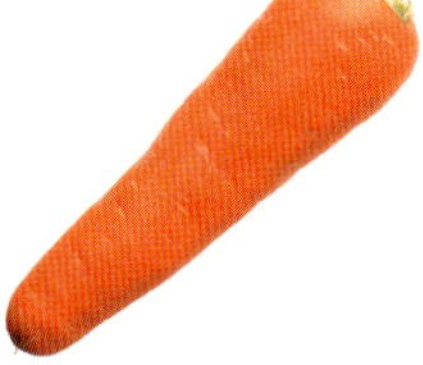

にんじん
保存もきき、栄養価も高く、
弁当の彩りも UP！

玉ねぎ
保存性がよく、主役にも
脇役にもなるお助け素材。

キャベツ
和にも洋にも変化する、
応用自在な便利素材。

ブロッコリー
色鮮やかで形も愛らしく、
入れるだけでお弁当の見た目 UP。

セロリ
我が家の偏愛野菜。
独特の香りと味にハマる！

ごぼう
独特の食感と風味が食欲をそそる。
常備菜にも。

レンコン
見た目もかわいくて◎。
切り方で食感が変わる。

ナス
これも我が家の偏愛野菜。
なーさんの大好物。

かぼちゃ
おやつにもなる甘い野菜。
さつまいもも同じように使える。

ピーマン
炒め物などに。
パプリカも同様に使える。

いんげん
細長く使い勝手がよい。
アスパラ、えんどうなどでも。

青菜類
小松菜、ほうれん草、
チンゲン菜、豆苗など。

薬味野菜
少量で味に変化が。
青ねぎ、大葉、生姜など。

これだけで
毎日変化にとんだ
お弁当を作ります。

常備しておくと便利な食材&調味料

冷凍あるいは冷蔵で保存しておくと便利な食材や、
弁当を手際よく仕上げるために、
常備しておくと使い勝手のいい乾物や調味料などをご紹介します！

食材

冷凍シーフードミックス
魚介類がない時でも
これさえあればの救世主。

麺
麺類は冷凍保存。
目先の変わったお弁当に。

ベーコン
塩気と旨味で淡泊な
素材もおいしくなる効果。

ちくわ
そのまま食べても、炒めても。
イカのかわりに使うこと多し。

油揚げ
適度な油分とコクが、
どんな野菜とも相性よい。

高野豆腐
意外に食べごたえがあるのに、
ヘルシーで◎。

ナッツ&ドライフルーツ
アーモンド、レーズンなど。
サラダなどに変化をつける。

チーズ類
スライスチーズやクリームチーズ、
粉チーズなど。コクをプラス。

乾燥カットわかめ
戻さずに使うと、
おかずの水分を吸う効果も！

塩昆布
塩味と旨味を加える
調味料のように使える。

かつおぶし
旨味 UP の万能食材。
おかずの水分吸収効果も。

桜えび
独特の旨味と香りが抜群。
赤い色味で彩り UP 効果も。

ごま

すりごまだとすぐに使えて便利。
水分吸収効果も。

青のり

味に変化をつける、
“縁の下の力持ち”的存在。

フライドオニオン

炒めた玉ねぎのかわりに使える。
コク出しにも。

缶詰

ツナ缶、サバ缶など。
和え物やサラダなどに。

調味料

めんつゆ

だしが入って便利。
我が家では２倍濃縮を使用。

白だし

薄い色味で味付けが
一発で決まるすぐれもの。

メイプルシロップ

液体の甘みとして便利。
はちみつより癖がない。

レモン果汁

生レモンがない時に。
さわやかな酸味をプラス。

ハーブミックス

イタリアンぽく、
味に変化をつけたい時などに。

梅肉ペースト

梅干しの代用として便利。
梅干し１個分が小さじ1ほど。

生姜チューブ

生姜のすりおろしの代用として、
すぐに使える。

コチュジャンチューブ

辛味をきかせたい時に。
豆板醤より甘辛味で使いやすい。

＜この本の表記のルールなど＞

●大さじ１は15cc、小さじ1は5ccです。
●電子レンジの加熱時間は、出力600Wのものを基準にしています。500Wの電子レンジを使用する場合は、1.2倍の加熱時間を目安としてください。機種によって若干の差がありますので様子を見ながら加熱してください。なお電子レンジには、金属や琺瑯の容器は使えませんのでご注意下さい。
●魚焼きグリルはガスのものを使用しています。IHのグリルだと、加熱時間が長くかかる場合がありますので、様子を見ながら加熱してください。
●電子レンジを使用するレシピにはR、魚焼きグリルを使用するレシピにはGを付けました。
●めんつゆは、２倍濃縮タイプを使用しています。
●梅干しを梅肉ペーストで代用する場合は、梅干し1個＝梅肉ペースト小さじ1を基準としてください。
●生姜のすりおろしは生姜チューブで、レモン汁はびん入りなどのレモン果汁で代用しても構いません。

あるものだけで
ほめられ弁当♥

リアル1週間、全部見せます！

女子中学生なーさんと、男子大学生てんきち兄さんに
（そしてごくたまに末娘すぅさんにも）、毎日作り続けるお弁当を再現しました！
まず冷蔵庫にあるものをチェック、そして朝10分でぱぱっと完成！
変わりばえしない食材でも、
アレンジ次第で毎日飽きないお弁当が作れます！
兄さん＆なーさん、すぅさんのコメントつき。

G …グリル調理
R …レンジ調理

鶏肉とじゃがいものバターしょうゆ照り

材料（1人分）
鶏もも肉…1/2枚（120g）
じゃがいも…小1個
塩、サラダ油…各少々
A［砂糖、みりん、しょうゆ…各小さじ1
　バター…10g

作り方
1. 鶏肉は一口サイズに細長く切り、塩少々を振って5分ほどおく。じゃがいもは一口サイズに切って水にくぐらせ、ラップに包んで電子レンジで1分30秒ほど加熱する。
2. フライパンにサラダ油をひいて1の鶏肉の皮目を下にして並べ、両面こんがりと焼く。あいたところでじゃがいもも一緒に焼く。
3. Aを入れて全体に絡めて火を止める。

アスパラのみそ絡め G

材料（1人分）
アスパラガス…3本
A［みそ…小さじ1/2
　すりごま…小さじ1

作り方
1. アスパラガスは根元の皮をむき、3等分の長さに切る。
2. ホイルに1を包んで魚焼きグリルで3分ほど焼く。ホイルを開けて熱いうちにAを絡める。

マヨわかめの玉子焼き

材料（2人分）
卵…2個
A［マヨネーズ…大さじ1
　水…大さじ1
　乾燥カットわかめ…小さじ1
　しょうゆ…小さじ1/2
サラダ油…少々

作り方
1. ボウルに卵を割りいれ、Aを入れてよく混ぜる。
2. 玉子焼き器にサラダ油をひいて熱し、1の卵液の3分の1量ずつを流しいれ、奥から手前に巻いていき、玉子焼きを作る。冷めたら食べやすく切り分ける。

Monday

こってり味でパワーアップ！

鶏じゃがバターしょうゆ弁当

バターしょうゆ、
ごはんに
合いすぎや～
（なーさん）

Tuesday

ピンクがかわいいヘルシー春巻き！

鮭の焼き春巻き弁当

鮭の焼き春巻き G

材料（1人分）
生鮭…1切れ（120g）
塩…少々
大葉…4枚
梅干し…1個
スライスチーズ…1枚
春巻きの皮…2枚
サラダ油…小さじ2

作り方
1. 鮭は半分に切って塩を振り、5分ほどおく。梅干しは種を取って包丁でたたいてペースト状にする。チーズは半分に切る。
2. 春巻きの皮1枚に大葉2枚、鮭1/2切れ、チーズ1/2枚、梅干しをのせて巻き、巻き終わりを下にする。これを2つ作る。
3. ホイルに**2**をおき、上からサラダ油をまんべんなくかける。ホイルを開けたまま、魚焼きグリルの弱火で6分ほど、途中、裏返しながら加熱する。加熱が終わったら2つに切る。

じゃがいもとベーコンのレンジカレー煮 R

材料（1人分）
じゃがいも…1個
ベーコン…1枚
A ［カレー粉…小さじ1/2
　 砂糖、しょうゆ…各小さじ1
　 バター…5g

作り方
1. じゃがいもは皮をむいて3センチ角に切って水にくぐらせる。ベーコンは1センチ幅に切る。
2. 耐熱容器に**1**のじゃがいもとベーコンを入れてふんわりとラップをかけ、電子レンジで2分半ほど加熱する。
3. じゃがいもに串がスッと通るようになったら熱いうちにAを加えて和える。

ブロッコリーのアーモンド炒め

材料（1人分）
ゆでブロッコリー…4切れ
めんつゆ…小さじ1
スライスアーモンド…小さじ2
ごま油…小さじ1

作り方
1. フライパンにごま油をひいてブロッコリーとアーモンドを炒め、めんつゆを加えて水分がなくなるまで炒める。

週の半ば、かき揚げ丼でテンション UP！

シーフードミックス かき揚げ丼弁当

Wednesday

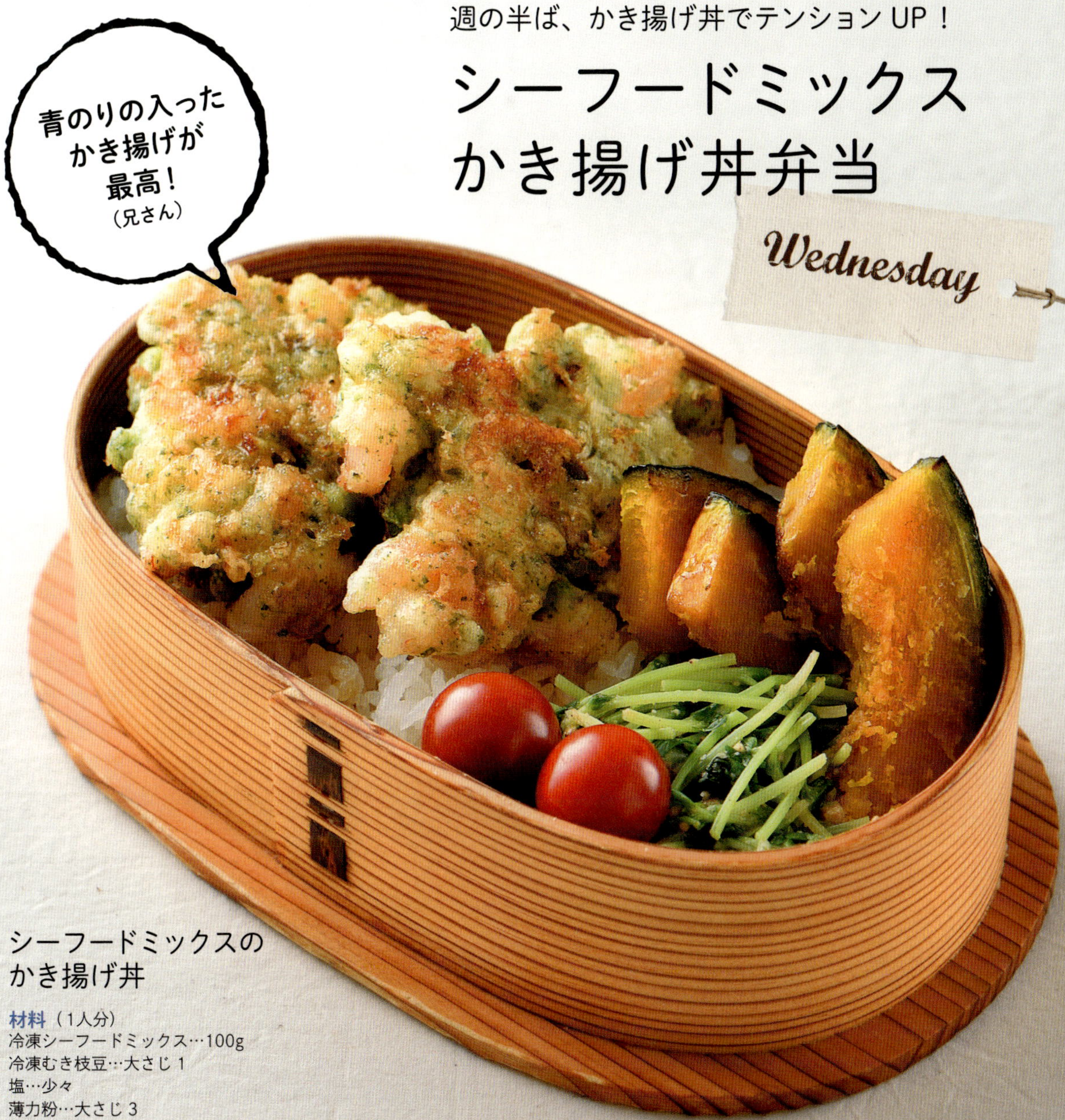
青のりの入った
かき揚げが
最高！
（兄さん）

シーフードミックスの かき揚げ丼

材料（1人分）
冷凍シーフードミックス…100g
冷凍むき枝豆…大さじ 1
塩…少々
薄力粉…大さじ 3
青のり…小さじ 1
水…大さじ 1
サラダ油、ごはん…各適量
A［メイプルシロップ、しょうゆ…各小さじ1］

作り方
1. シーフードミックスとむき枝豆は前夜のうちに冷蔵庫に入れて自然解凍しておく。水気を切ってボウルに入れ、塩、薄力粉と青のりを入れてざっと混ぜる。ここに水を加えて軽く混ぜる。
2. フライパンにサラダ油をひいて熱し、**1** を 1/2 量ずつスプーンでまとめて落とす。片面が固まったらひっくり返し、両面こんがりと揚げ焼きにし、キッチンペーパーの上に取り出す。
3. 小皿に A を合わせ、**2** のかき揚げにスプーンでかけ、ごはんにのせる。

豆苗の梅和え R

材料（1人分）
豆苗…1/2 袋
梅干し…1/2 個
白だし…小さじ 1
すりごま…小さじ 1

作り方
1. 豆苗は半分の長さに切り、ラップで包んで電子レンジで 1 分加熱、水気を絞る。
2. 種を取ってたたいた梅干しと白だし、すりごまをボウルに入れ、**1** の豆苗を入れて和える。

かぼちゃのグリルの みそ絡め G

材料（2人分）
かぼちゃ…1/8 個
バター…10g
メイプルシロップ…小さじ 1
塩…ひとつまみ
みそ…小さじ 1

作り方
1. かぼちゃは 5 ミリの厚さに切ってホイルにのせ、塩を振ってバターをのせて包む。
2. 魚焼きグリルで 7 分ほど焼き、ホイルを開けてメイプルシロップとみそを加えて和える。

Thursday

薄切り肉とごぼうの食感が Good！

豚薄切り肉とごぼうの
ハンバーグ弁当

豚薄切り肉とごぼうの
ハンバーグ

材料（1人分）

豚薄切り肉（こま肉でも可）…80g
ごぼう…1/4本
卵…小1個
片栗粉…小さじ2
塩、コショウ、サラダ油…各少々
A［ケチャップ…大さじ1
　 みりん、しょうゆ…各小さじ1

作り方

1. 豚肉は1センチ幅に切り、ごぼうはピーラーで削ぐ。ボウルに豚肉とごぼう、卵、片栗粉、塩、コショウを入れて菜箸でよく混ぜる。
2. フライパンにサラダ油をひいて熱し、**1** の肉だねを1/2ずつスプーンですくって落とす。ふたをして両面こんがりときつね色になるまで蒸し焼きにしたら、A を絡める。

ほうれん草とチーズの
コチュジャン和え

材料（1人分）

ゆでほうれん草…50g
スライスチーズ…1枚
A［コチュジャン、しょうゆ
　　　…各小さじ1/2］

作り方

1. チーズは1センチ角に切る。
2. ボウルに切ったほうれん草と **1** のチーズ、A を入れて和える。

にんじんとじゃがいもの
塩昆布グリル G

材料（1人分）

にんじん…1/3本（約70g）
じゃがいも…小1個
塩昆布…大さじ1
ごま油…小さじ1

作り方

1. にんじんとじゃがいもは千切りにする（じゃがいもは水にくぐらせる）。
2. ホイルを広げて **1** をのせ、ごま油を回しかけてホイルを包み、魚焼きグリルで5分ほど加熱する。ホイルを開けて塩昆布を入れて和える。

中は
肉ちゃうのに、
中からじゅわっと
肉汁が！
うまうま〜
（なーさん）
Friday

照り焼き味でごはんがすすむ

高野豆腐の照り焼き丼弁当

高野豆腐の照り焼き丼

材料（1人分）
高野豆腐…1枚
豚薄切り肉…4枚（120g）
のり…1/2枚
片栗粉…少々
ごま油…大さじ1
大葉…2枚
紅生姜、ごはん、白ごま…各適量
A［めんつゆ…大さじ2
水…大さじ2
砂糖…小さじ1

作り方
1. 高野豆腐は水に1分ほど浮かべて戻し、厚みを半分にし2つに切る（4枚になる）。これに豚肉を巻き付け、さらにのりを巻き、片栗粉をまぶす。
2. フライパンにごま油をひいて熱し、**1**を並べ転がしながら焼く。全体に焼き色が付いたらAを加え、全体に絡める。
3. ごはんの上に大葉、**2**をのせて紅生姜、白ごまをのせる。

きのこといんげんの塩レモン蒸し R

材料（1人分）
しめじ…1/2パック
いんげん…5本
バター…5g
レモン汁…小さじ1
塩…少々

作り方
1. しめじは石づきを取り、小房に分ける。いんげんはへたを切り落として3等分の長さに切る。
2. 耐熱容器に**1**を入れてバターをのせ、ふんわりとラップをかけて電子レンジで2分加熱する。熱いうちにラップを外し、レモン汁と塩を加えて混ぜる。

じゃがいものケチャップサラダ R

材料（2人分）
じゃがいも…1個
塩、コショウ…各少々
米酢…小さじ1/2
A［フライドオニオン…大さじ1
ケチャップ…小さじ1
マヨネーズ…小さじ1

作り方
1. じゃがいもは皮をむいて3センチ角に切って水にくぐらせ、耐熱容器に入れてふんわりとラップをかけ、電子レンジで2分加熱する。
2. 熱いうちに塩、コショウ、米酢を混ぜて冷ます。
3. Aを加えて和える。

Saturday

みんな大好き、間違いのない女子弁！

オムライス弁当

オムライス

材料（1 人分）
鶏ひき肉…50g
フライドオニオン…大さじ 1
（玉ねぎ 1/4 個でも代用可）
ピーマン…1/2 個
ごはん…適量
バター…10g
サラダ油…少々
卵…1 個
塩、コショウ…各少々
ケチャップ…大さじ 2
しょうゆ…小さじ 1
イタリアンパセリ…適宜

作り方
1. ピーマンはみじん切りにする（フライドオニオンがない場合は玉ねぎ 1/4 個をみじん切りにして先に炒める）。卵をボウルに割りいれ、軽く塩、コショウを振って溶き混ぜる。
2. フライパンにサラダ油をひいて卵液を流しいれ、裏面が固まったら裏返してさっと焼き、皿に取りだす。
3. あいたフライパンにバターをひいてひき肉を炒め、軽く塩、コショウを振る。ピーマンを加えてさらに炒め、ケチャップとしょうゆを加えて軽く煮詰め、ごはんを加えてほぐしながら炒める。フライドオニオンを加えて塩、コショウで味を調える。
4. 弁当箱に **3** のケチャップライスを入れて **2** の卵をかぶせ、ケチャップを絞って、あればイタリアンパセリを飾る。

さつまいものマヨサラダ R

材料（1 人分）
さつまいも…大 1/2 本（150g）
いんげん…5 本
A［塩、コショウ…各少々
　メイプルシロップ、レモン汁…各小さじ 1
　レーズン…小さじ 1］
マヨネーズ…大さじ 1

作り方
1. さつまいもはさいの目に切って水にくぐらせる。いんげんはへたを切り落とし、4 等分の長さに切る。
2. 耐熱容器に **1** を入れてふんわりとラップをかけ、レンジで 2 分 30 秒加熱する。熱いうちに A を振る。
3. 冷めたらマヨネーズで味を調える。

Point 1
先に具に味付けをすませてから白いごはんを入れるのがポイント！ こうすると、冷めてもごはんがベタッとなりません。

Point 2
ケチャップライスと弁当箱の間に少しすき間を開けて詰めておくと、卵をかぶせやすい！

おいしすぎや。
この弁当箱じゃ
足らん。
（なーさん）

column

長男てんきちとお弁当

今から２年前、長男てんきちの高校の卒業式にて。

「お母さん、３年間毎朝お弁当を作ってくれてありがとう（涙）」

という、

わが子ではなく他の子が言った言葉に号泣した。

たぶん卒業式に出席していたその場のお母さん全員が、一斉にハンカチを目に当て
鼻をすすり始める合図となったセリフだったと思うが、
今思い出しただけでも泣けてくる（誰が言うたのかもわからないけれども）。

酔っぱらって帰った翌朝も、うっかり二度寝しちゃって大慌てで卵チャーハンだけ
作った朝も、ごはんのスイッチを入れ忘れてたことに気付いた朝も、
お水を入れずに炊飯してしまい、ほっかほかの生米が現れた朝も、
前の日喧嘩して仲直りのタイミングがつかめないままの気まずい朝も、
雨の日も風の日も雪の日も、毎朝作り続けた３年間だった。

「おいしかったよ！ ご馳走さま」
なんて、奇跡が起きても言わないような無口男子だったし、

「いつも早起きさせてごめん」
なんて口が裂けても絶対言わないのはわかっている。

そもそもたまに弁当箱を持って帰るのも忘れるし、扱いが乱暴で弁当箱自体
ボロボロにしたし、そんなやつによくぞ３年間も頑張って作ってやったわ……
でも、やっとそれも終わるのか……
あの子に弁当を作るなんて機会は、もうないのかな……

って思って涙した、あの卒業式から２年。

現在自宅通学の、大学２年生。
まさか大学生が、しかも男子が、毎日弁当を持っていくとはだれが想像しただろうか。

大学生になった今でも、
わが子に弁当を作ってやれるわたしは
幸せ者だと思います、
はい……。

第1章

おいしい！ のヒミツ

最後までおいしく食べられるお弁当のコツは、
おかず同士の味がかぶらないこと。
この章では、味別に選べるおかずレシピを紹介します。

手早く、おいしいお弁当 7か条

子どもたちに“おいしかった”と喜ばれるお弁当にはツボがあります。
また、そんな「ほめられ弁当」を手早く作る秘密もあわせて大公開します。

1 ごはんに合う、しっかり味のおかず！

お弁当は冷めてから食べるので、ある程度、味がしっかりとついていて、
ごはんがすすむおかずのほうが、おいしく食べられます。

2 おかずの味がかぶらないようにする

お弁当に入っているおかずの味付けが同じだと、違う素材であっても似たような印象になってしまいます。p28～p55の味別レシピを参考に、すべて違う味付けにするのがベター。

3 おかずの種類は3種類でOK

頑張ってたくさんの種類のおかずを入れなくても大丈夫。それぞれの味付けを変えて、たっぷり盛れば、3種類のおかずで大満足です。

4 サラダやフルーツ類は、別の容器に

酸味のあるサラダ類やマリネ、甘いフルーツやデザートなどは、
他のおかずと味が混ざらないほうがよいので、
別の容器に入れたほうがベターです。

5 前夜のうちに素材を切って下味を付けておくとラク

夕飯を作るついでなどに、お弁当用の肉などを切り、
塩、コショウまでしてラップに包み、冷蔵庫に
入れておくと、翌朝まな板を出さずすぐ調理にとりかかれます。かなり気分的にラク。

6 フライパン、電子レンジ、魚焼きグリルをフル活用

お弁当作りに意外に役立つのが魚焼きグリル。
素材をホイルに包んでグリルで焼けば数品がたちまち完成。
フライパン、電子レンジと並行して使えば、一度に調理が可能。

7 ミニサイズの調理道具を用意すると便利

1人分や2人分の量のおかずを作るのに、わざわざ大きな調理器具を
使うのもムダ。お弁当用に小さなボウルやフライパンを用意しておけば、
気軽にちゃちゃっと作れます。

コク旨 甘辛味

いくらでもごはんが食べられる、
これぞ弁当おかず！

牛肉と卵のオイスターソース炒め

材料（1人分）
卵…1個
牛薄切り肉…80g
A ［オイスターソース…小さじ1
　 砂糖…ひとつまみ
　 しょうゆ…小さじ1/2
サラダ油、塩、コショウ、青ねぎ、すりごま…各少々

作り方
1. 牛肉は食べやすい長さに切り、卵は器に割りいれて塩、コショウを振って溶く。
2. フライパンにサラダ油をひいて熱し、卵液を流しいれて大きくかき混ぜ、取り出す。
3. あいたフライパンに牛肉を入れて色が変わるまで炒めたらAで調味し、**2**の卵を戻し入れ、小口切りにした青ねぎとすりごまを加えて混ぜ、火を止める。
＊お好みの緑の野菜をプラスすると彩りがきれい。

鶏もも肉のグリル照りマヨ G

材料（1人分）
鶏もも肉…1/2枚（120g）
A ［はちみつ、酒…各小さじ1
　 しょうゆ…小さじ2
　 片栗粉…小さじ1/2
マヨネーズ、七味…各適量

作り方
1. 鶏肉は一口サイズに切って、Aを揉みこんで10分おく。
2. 1の鶏肉をホイルに包み、魚焼きグリルで8分ほど焼く。
3. マヨネーズを絞ってホイルの口を開けたままグリルで1分焼く。お好みで七味を振る。
＊鶏胸肉やささみでもOK。

ピーマンの甘辛おかか煮 R

材料（1人分）
ピーマン…2個
みりん、しょうゆ…各小さじ1
かつおぶし…ひとつまみ

作り方
1. ピーマンは2センチ幅に切って耐熱容器に入れ、みりん、しょうゆをまぶしてふんわりとラップをかけて電子レンジで1分半加熱する。
2. かつおぶしを加えて混ぜる。
＊ズッキーニやゴーヤなどでもOK。

かぼちゃの甘辛サラダ R

材料（1人分）
かぼちゃ…100g
塩…少々
砂糖、しょうゆ…各小さじ1
マヨネーズ…大さじ1

作り方
1. かぼちゃは2センチ角くらいにカットし、耐熱容器に入れて塩を振ってふんわりとラップをかけ、電子レンジで2分半加熱する。砂糖としょうゆを加えて和え、粗熱が取れるまでおく。
2. 完全に冷めたらフォークでくずしながらマヨネーズを加えて和える。
＊じゃがいもでもOK。

レンコンの甘酢煮

材料（1 人分）
レンコン…80g
めんつゆ…大さじ 1
米酢…小さじ 1
水…100cc

作り方
1. レンコンは皮をむいて 5 ミリの厚みの輪切りにし、水にさらす。
2. 鍋にレンコンとめんつゆ、米酢、水を入れて火にかける。レンコンに火が通るまで 6、7 分ほど煮る。
＊レンコンの切り方をスティック状にすれば、食感がかわってまた違ったおいしさに。

豚肉と玉ねぎの甘辛

材料（1 人分）
豚薄切り肉…3 枚（90g）
玉ねぎ…1/4 個
サラダ油…少々
A
- 砂糖…小さじ 1
- しょうゆ…小さじ 1
- オイスターソース…小さじ 1
- 米酢…小さじ 1

作り方
1. 玉ねぎは繊維に逆らって 1 センチ幅に切る。豚肉は 4 センチ長さに切る。
2. フライパンにサラダ油をひいて熱し、豚肉を広げて入れる。こんがりするまで炒めたら玉ねぎを加えてさっと炒め、A を加えて全体に絡める。
＊牛肉と長ねぎで作ってもおいしい。

鶏胸肉のお好み焼き風

材料（1 人分）
鶏胸肉…1/2 枚強（120g）
塩、コショウ、砂糖…各少々
薄力粉…大さじ 1
サラダ油、お好み焼きソース、青のり
…各適量

作り方
1. 鶏肉は薄く削ぎ切りにして塩、コショウ、砂糖を振る。
2. ビニール袋に **1** と薄力粉を入れて振り混ぜ、全体に粉をまぶす。
3. フライパンにサラダ油をひいて熱し、**2** の肉を並べて両面こんがりと焼く。
4. 焼きあがったらお好み焼きソースをかけ、青のりを振る。
＊マヨネーズを一緒に絞っても。

ピーマンとさつまいも甘辛炒め

材料（1 人分）
さつまいも…小 1 本（200g）
ピーマン…1 個
塩昆布…箸でひとつまみ
メイプルシロップ、しょうゆ…各小さじ 1
サラダ油…少々

作り方
1. さつまいもはスティック状に切って水にくぐらせ、ピーマンは細く切る。
2. フライパンにサラダ油をひいてさつまいもを並べ火が通るまで焼く。
3. ピーマンを加え、しんなりするまで炒めたら、塩昆布、メイプルシロップ、しょうゆを加えて火を止める。

Sub
コロッケとちゃうで(笑)。でも好きな味やった!
(すぅさん)

食べればコロッケ風お揚げの巻き巻き RG

材料（1人分）
油揚げ…1枚
じゃがいも…1個
塩、コショウ、お好み焼きソース、マヨネーズ、青のり…各適量

作り方
1. じゃがいもは千切りにして水にくぐらせ、耐熱容器に入れてふんわりとラップをかけて電子レンジで1分半ほど加熱し、しっかり目に塩、コショウをまぶして下味をつける。
2. 油揚げは広げて一枚の正方形にし、真ん中で切って長方形の物を2つ作る。油揚げに1のじゃがいもをのせて巻き、巻き終わりを楊枝で留める。これを2本作る。
3. ホイルに包んで魚焼きグリルで3分ほど焼き、ソースとマヨネーズ、青のりなどをトッピングする。
＊ツナやハムをプラスして巻いても◎。

ぽりぽりにんじんのレンチンきんぴら R

材料（1人分）
にんじん…大1/3本（80g）
塩…少々
砂糖…小さじ1
しょうゆ…小さじ1/2
ごま油…小さじ1/2
すりごま…小さじ1

作り方
1. にんじんは太めのスティック状に切り、耐熱皿に並べて塩を振り、ふんわりとラップをかけて電子レンジで1分半ほど加熱する。
2. 砂糖としょうゆを振り、ラップをせずに1分加熱する。ごま油とすりごまを振る。
＊歯ごたえを残すように加熱するのがポイント。ちくわをプラスしても。

シーフードとじゃがいもの甘辛煮

材料（1人分）
じゃがいも…1個
冷凍シーフードミックス…100g
酒、砂糖、しょうゆ…各小さじ2
水…100cc

作り方
1. じゃがいもは2センチ角に切って水にくぐらせる。シーフードミックスはざるに入れて水でさっと洗い、表面の氷を落とす。
2. 小鍋にじゃがいもと水、調味料を入れて火にかける。煮立ったらシーフードも加え、煮汁が少なくなるまで7、8分ほど煮る。
＊シーフードミックスのかわりに、むきエビやイカでもOK。

Main
めっちゃ好き! めっちゃおいしい!!
(なーさん)

豚肉のカリカリ焼き甘辛絡め

材料（1人分）
豚薄切り肉…3～4枚（100g）
塩、コショウ、片栗粉、サラダ油…各適量
A
- めんつゆ…大さじ1
- 砂糖…小さじ1/2
- 米酢…小さじ1

作り方
1. 豚肉は食べやすい大きさに切って塩、コショウを振り、片栗粉を両面にまぶす。
2. フライパンにサラダ油をひいて熱し1を広げて入れて両面揚げ焼きにする。
3. 肉を端に寄せて余分な油をふき取り、Aを流しいれて煮立たせ、よけておいた肉を絡める。
＊かぼちゃのスライスを一緒に焼いてもおいしい。

コク旨 甘辛味

Main
これ、なーさんの
おすすめって
書いといてや
(なーさん)

揚げサワラの甘辛

材料（1人分）
サワラ…1切れ（100g）
塩、酒、片栗粉、サラダ油…各適量
A［コチュジャン…小さじ1
　砂糖…小さじ1
　しょうゆ…小さじ1］

作り方
1. サワラは一口サイズにカットし、塩と酒をまぶして10分ほどおく。
2. 余分な水分をふいて片栗粉をまぶす。
3. フライパンにやや多めのサラダ油をひいて**2**のサワラを並べ、全体に火が通るまで転がしながら揚げ焼きにする。
4. 器にAを合わせる。焼けた**3**をここに入れ、時折ひっくり返しながら全体に味をしみこませる。
＊カリカリになるまで揚げ焼きにするのがポイント。サバでもOK。

キャベツの甘辛煮 R

材料（1人分）
キャベツの葉…2枚
桜えび…大さじ1
みりん、しょうゆ…各小さじ1

作り方
1. キャベツは一口大に切り、耐熱容器に入れる。
2. **1**に桜えび、みりん、しょうゆを入れてふんわりとラップをかけ、電子レンジで2分ほど加熱する。
＊七味を振ると大人味に。

豚肉のエリンギ巻き照り焼き

材料（1人分）
豚薄切り肉…4枚（120g）
エリンギ…1本
サラダ油、塩、コショウ…各少々
A［ウスターソース…小さじ1
　砂糖…小さじ1
　しょうゆ…小さじ1/2］

作り方
1. エリンギは長さを半分に切り、さらにスティック状になるように切る。
2. 豚肉を広げてエリンギをおいて端から巻き、塩、コショウを振る。
3. フライパンにサラダ油をひいて熱し、**2**の巻き終わりを下にして並べる。転がしながら全面を焼き、火を弱めてAを加え、全体に照りよく煮絡める。
＊エリンギをしめじやえのきにかえてもOK。

鶏もも肉といんげんのピリ辛

材料（1人分）
鶏もも肉…1/2枚（120g）
いんげん…4本
サラダ油…少々
A［塩…少々
　はちみつ…小さじ1
　しょうゆ…小さじ2
　豆板醤…小さじ1/4］

作り方
1. 鶏肉は一口サイズの削ぎ切りにし、Aを絡めて10分ほどおく。いんげんはへたを切り落とし、4センチ長さくらいに切る。
2. フライパンにサラダ油をひいて熱し、**1**の鶏肉の皮目を下にして並べる。弱火でじっくりと焦げないよう焼いたらいんげんも加え、ふたをして蒸し焼きにして中まで火を通す。
3. ふたを外してたれを煮絡めるように全体をゆする。
＊いんげんのかわりに、アスパラガスやスナップえんどうなどでもOK。

シンプル塩味

どんな素材にでも合う！
やっぱり飽きない定番の味！

Main

もっとピーマンいっぱい入れてくれていいで！
（なーさん）

鶏胸肉とピーマンの塩炒め

材料（1人分）
鶏胸肉…1/2枚（100g）
ピーマン…小2個
塩、酒、片栗粉、ごま油…各少々
白だし…小さじ2

作り方
1. ピーマン、鶏胸肉はそれぞれ細切りにする。鶏肉に塩、酒、片栗粉を揉みこむ。
2. フライパンにごま油をひいて熱し、鶏肉を炒める。色が変わったらピーマンを加えて炒め、白だしで調味する。
＊胸肉のかわりにささみでもOK。ピーマンをアスパラガスかズッキーニにかえてもよい。

Sub

さつまいものグリル G

材料（1人分）
さつまいも…1/3本（70g）
塩…少々
ごま油…小さじ1

作り方
1. さつまいもは1センチ幅に切って水にさらし、ホイルの上にのせる。
2. 塩とごま油を振りかけ、ホイル包みにし、魚焼きグリルで7分ほど焼き、余熱で5分ほどおく。
＊ごま油をオリーブオイルにかえてもOK。女子的にはおやつっぽい箸休めとして。

Sub

キャベツの塩ごま蒸し R

材料（1人分）
キャベツの葉…1～2枚
塩…ひとつまみ
ごま油…小さじ1
すりごま…小さじ1

作り方
1. キャベツは一口大に切って耐熱容器に入れ、ふんわりとラップをかけて電子レンジで1分加熱する。
2. 塩、ごま油、すりごまで和える。
＊濃い味付けのメインに合わせるならコレ！　というくらいの定番の副菜野菜おかず。

Sub

レンコンのハーブグリル G

材料（1人分）
レンコン…80g
オリーブオイル…小さじ1
塩、ハーブミックス…各適量

作り方
1. レンコンは皮をむいて1センチ幅のいちょう切りにし、水にくぐらせてホイルの上にのせる。オリーブオイルを振ってホイルを包み、魚焼きグリルで7分ほど焼く。
2. 焼きあがったら塩とハーブミックスを振りかけて混ぜる。
＊レンコンのかわりに、パプリカやズッキーニ、長いも、いんげんなどでもOK。

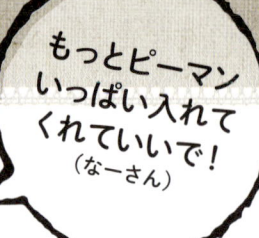

レンコンと鶏ひき肉の塩つくね

材料（1 人分）
鶏ひき肉…50g
レンコン…50g
A ┌ 卵…1/2 個
　│ 片栗粉…小さじ 1
　└ 塩、コショウ…各少々
青ねぎ…1/2 本
ごま油…少々

作り方
1. レンコンは 1 センチ角に切って水にさらす。青ねぎは小口切りにしておく。
2. ボウルに鶏ひき肉と水気をきったレンコン、青ねぎ、A を入れて菜箸でよく混ぜる。
3. フライパンにごま油をひいて熱し、**2** をスプーンですくって落とし、両面こんがりと焼き色を付けながらふたをして焼く。
＊手を汚さずに作れます。残った卵液は卵焼きなどに使って。

セロリの塩昆布和え R

材料（1 人分）
セロリ…1/2 本
A ┌ 塩昆布…ひとつまみ
　│ ごま油…小さじ 1
　└ すりごま…小さじ 1

作り方
1. セロリは乱切りにして耐熱容器に入れ、ふんわりとラップをかけて電子レンジで 1 分加熱する。
2. 熱いうちに A を加えて和える。
＊セロリのかわりにピーマンでも OK。

白だしチキンソテー

材料（1 人分）
鶏胸肉…1/2 枚強（120g）
塩、コショウ…各少々
薄力粉…大さじ 1
サラダ油…少々
白だし…小さじ 2

作り方
1. 鶏肉は薄く削ぎ切りにして塩、コショウを振る。
2. ビニール袋に **1** と薄力粉を入れて振り混ぜ、全体に粉をまぶす。
3. フライパンにサラダ油をひいて熱し、**2** の肉を並べて両面こんがりと焼く。焼きあがったら熱いうちに白だしを絡める。
＊白だし＋粒マスタード、白だし＋梅干し、白だし＋わさび、などもおいしい！

豚薄切り肉と豆苗の塩だれ煮

材料（1 人分）
豚薄切り肉…2 ～ 3 枚（70g）
豆苗…1/3 パック
ごま油…少々
白だし…小さじ 2
すりごま…小さじ 1

作り方
1. 豚肉は 3 センチ幅に、豆苗も 3 センチ長さに切る。
2. フライパンにごま油をひいて豚肉を炒め、出てきた余分な脂をふき取って豆苗を加え、白だしを加えてしんなりするまで炒め煮にする。火を止めてすりごまを振る。
＊豆苗をみつばやセロリにかえても OK。

これこれ!!!
めっちゃ好き〜！
（すぅさん）

Main
やっぱ鮭
好きやわー
(なーさん)

自家製塩サーモンのグリル G

材料(1人分)
生鮭…1/2切れ(60g)
塩…少々
青ねぎ…適宜

作り方
1. 生鮭にまんべんなく塩を振り、ピッタリとラップで覆って冷蔵庫に一晩おく。
2. 余分な水分をキッチンペーパーで拭き、ホイルに包んで魚焼きグリルで7分焼く。お好みで青ねぎの小口切りをのせる。
*鮭を、タラやサワラにかえてもOK。ごはんの上に刻みのりと一緒に豪快にのせても。

ピーマンの塩昆布和え R

材料(1人分)
ピーマン…2個
(写真は半量をパプリカにかえています)
ごま油…小さじ1
塩昆布…ひとつまみ

作り方
1. ピーマンは細切りにし、耐熱容器に入れてごま油と塩昆布を混ぜ、ふんわりとラップをかける。
2. 電子レンジで1分半加熱する。
*みりんを少量加えてもOK。水分が出すぎたら、すりごまを加えるとよい。

「森」
(ブロッコリーのこと、
なーさん命名)
おいしかった
(なーさん)
Sub

ブロッコリーの白だし浸し R

材料(1人分)
ブロッコリー…4切れ
白だし…小さじ1

作り方
1. ブロッコリーは食べやすく切り分け、耐熱皿に入れてふんわりとラップをかけ、電子レンジで1分ほど加熱する。
2. 熱いうちに白だしを振りかける。
*ほうれん草、キャベツ、チンゲン菜にかえても美味。

乾燥わかめと玉ねぎのグリル G

材料(1人分)
玉ねぎ…1/2個
乾燥カットわかめ…小さじ1
オリーブオイル…小さじ2
塩…ひとつまみ

作り方
1. 玉ねぎはくし形に切る。乾燥わかめは水でさっと洗う。
2. ホイルを広げて玉ねぎとわかめをのせ、オリーブオイルと塩を振ってホイルで包む。
3. 魚焼きグリルで5分ほど焼く。
*わかめが玉ねぎの水分を吸っていい感じに仕上がります。

シンプル塩味

じゃがいもとにんじんの塩きんぴら R

材料（1人分）
じゃがいも…小1個
にんじん…1/3本（約70g）
A ┌ 白だし…小さじ2
　│ ごま油…小さじ1
　│ 白すりごま…小さじ1
　└ からし…少々

作り方
1. じゃがいもは千切りにして水にくぐらせる。にんじんも千切りにする。
2. 耐熱容器にじゃがいもとにんじんを入れてふんわりとラップをかけ、電子レンジで2分半加熱し、熱いうちにAを加えて和える。
＊からしはお好みで。入れなくてもOK。

ナスのレンチン蒸し R

材料（1人分）
ナス…小1本
塩…少々
ごま油…小さじ1
青ねぎ…1/4本

作り方
1. ナスは乱切りにして耐熱容器に入れる。塩、ごま油を振って全体になじませるように混ぜ、ふんわりとラップをかけて電子レンジで2分ほど加熱する。青ねぎは小口切りにする。
2. ラップを開けて青ねぎを加え、全体をよく混ぜる。
＊わさびや柚子胡椒を加えても美味。うちでは通称「ナスのアレ」とよばれる定番レシピです。

高野豆腐の塩から揚げ

材料（1人分）
高野豆腐…1枚
白だし…小さじ1
水…大さじ1
片栗粉、サラダ油、コショウ…各適量

作り方
1. 高野豆腐は水を張ったボウルに1分ほど入れて戻し、手で挟んでギュッと絞って6等分に切る。ボウルに白だしと水を入れて戻した高野豆腐を入れて軽く手で揉み、全体に均等に調味料を吸わせるようにする。
2. コショウを振ってから片栗粉をまぶす。フライパンにサラダ油を少し多めに入れて熱し、高野豆腐をばらばらにしながら入れる。裏面にこんがり色が付いたら裏返し、同じように焼く。全体にかりっと衣が固くなるまで揚げ焼きする。
＊ゆかりをまぶしてもおいしい。

豚肉と大葉のハンバーグ

材料（1人分）
豚薄切り肉…4枚（120g）
大葉…3枚
A ┌ 塩、コショウ…少々（しっかりめに）
　│ マヨネーズ…大さじ1
　└ 片栗粉…小さじ1
サラダ油…少々

作り方
1. 豚肉と大葉はそれぞれ1センチ角に切る。ボウルに入れAを加えて箸で混ぜる。
2. フライパンにサラダ油をひいて熱する。1を4等分にして平らにまとめて（大さじにこんもり1杯ずつくらい）並べ、両面こんがりと焼く。
＊たねを成形するときは、カレースプーンを使うときれいにまとめられます。

これ、また作ってな!!
（すぅさん）

みそ味

濃厚な旨味が
素材に絡んでごはんもすすむ！

Main
ナス、
大好き～♡
（なーさん）

ナスの豚巻き めんつゆみそ絡め

材料（1人分）
ナス…小1本
塩…少々
ごま油…少々
豚薄切り肉…4枚（120g）
A［めんつゆ…大さじ1
　 みそ…小さじ1
白ごま…少々

作り方
1. ナスは5センチ長さのスティック状に切り、塩水（分量外）に1分ほど漬け、しっかり水気を絞る。
2. 豚肉に**1**のナスをおいて端から巻く。
3. フライパンにごま油をひいて熱し**2**の豚肉の巻き終わりを下にして並べる。ふたをして蒸し焼きにしながら火を通し、Aで調味し、白ごまをふる。
＊バラ肉だとこってり、もも肉だとあっさり。

Main

鶏もも肉のみそダレ焼き R

材料（1人分）
鶏もも肉…1/2枚（120g）
A［みそ、はちみつ…各小さじ1強
　 生姜（すりおろし）…小さじ1弱
青ねぎ…適宜

作り方
1. 鶏肉は厚みを均一に削ぎ切りにし、Aを絡めて15分おく（または一晩冷蔵庫でなじませる）。
2. 皿の上にクッキングシートを広げ、**1**の鶏肉を並べてキャンディー包みにし、電子レンジで2分加熱する。裏返して包まずにさらに1分加熱する。あれば青ねぎを添える。

Sub

ほうれん草の ごまみそ和え R

材料（1人分）
ゆでほうれん草…1/4束分
みそ…小さじ1
メイプルシロップ…小さじ1/2
すりごま…小さじ1

作り方
1. みそとメイプルシロップは小皿に入れて溶き、電子レンジに10秒かけて柔らかくする。
2. ほうれん草に**1**とすりごまを加えて和える。
＊チンゲン菜や小松菜でもおいしい。

Sub

じゃがいものレンジみそ煮 R

材料（1人分）
じゃがいも…1個
A［砂糖…小さじ1
　 みそ…小さじ1
　 めんつゆ…小さじ1
黒ごま…小さじ1

作り方
1. じゃがいもは3センチ角くらいに切って水にくぐらせ、耐熱容器に入れてふんわりとラップをかけ、電子レンジで2分加熱する。
2. 熱いうちにすぐに水気をきって容器に戻し、Aを絡めて再びレンジに20秒くらいかけ、そのまま冷めるまでおき、黒ごまを振る。
＊豆板醤を加えてピリ辛にしても。

鶏胸肉の甘みそ絡め

材料（1人分）
鶏胸肉…1/2枚強（120g）
塩、コショウ…各少々
薄力粉…大さじ1
サラダ油…少々
A ┌ みそ…小さじ2
  │ はちみつ…小さじ2
  └ バター…少々

作り方
1. 鶏肉は薄く削ぎ切りにして塩、コショウを振る。
2. ビニール袋に**1**と薄力粉を入れて振り混ぜ、全体に粉をまぶす。Aを小皿に合わせておく。
3. フライパンにサラダ油をひいて熱し、**2**の肉を並べて両面こんがりと焼く。焼きあがったら**2**の小皿に取り、熱いうちにAを絡める。
＊鶏もも肉やささみでもOK。

キャベツのからしみそマヨ

材料（1人分）
キャベツの葉…2枚
からし…小さじ1/2
みそ…小さじ1/2
マヨネーズ…小さじ1

作り方
1. キャベツは一口大に切る。
2. フライパンにマヨネーズを入れてキャベツを炒め、しんなりしたら火を弱めてみそ、からしを加えて混ぜる。
＊キャベツに焦げ目をつけながら炒めると香ばしさUP。

油揚げの大葉チーズみそくるくる

G

材料（1人分）
油揚げ…1/2枚
クリームチーズ（個包装のもの）…1個
大葉…1枚
みそ…小さじ1/2

作り方
1. 油揚げ、クリームチーズ、大葉は全て半分に切る。
2. 油揚げの上にみそを塗り、大葉とクリームチーズをのせて端から巻き、楊枝で留める。
3. ホイルに包んで魚焼きグリルで5分焼く（楊枝が焦げるので必ずホイルで包む）。
＊クリームチーズのかわりにプロセスチーズでもOK。梅肉をプラスしてもおいしい。

レンコンと鶏もも肉のみそ炒め

材料（1人分）
鶏もも肉…1/2枚（120g）
レンコン…50g
塩、酒…各少々
サラダ油…少々
みそ…大さじ1
青ねぎ…1/2本

作り方
1. 鶏肉は一口サイズに切って塩と酒を揉みこむ。レンコンは乱切りにして水にくぐらせる。青ねぎは小口切りにする。
2. フライパンにサラダ油をひいて熱し、鶏肉を広げて並べる。色が変わったら裏返し、あいたところで水気を切ったレンコンも炒める。
3. みそを加えて全体を混ぜ、火を止めて青ねぎをのせる。
＊みそを加えたら、すぐに火を止めて、余熱で絡めて。

ゴハン足らん！
（なーさん）

ささみの
みそマヨチキン

材料（1人分）
ささみ…2本
塩、コショウ、片栗粉、サラダ油…各少々
A［マヨネーズ…大さじ1
　 みそ…大さじ1/2
パセリ…適宜

作り方
1. ささみは筋をひき、斜めに半分に切って塩、コショウを振り、片栗粉をまぶす。
2. フライパンにサラダ油をひいて**1**を転がしながら焼く。
3. Aを小さなボウルに合わせておき、焼きあがった**2**を入れて和える。あればパセリのみじん切りをのせる。
＊豆板醤をプラスしてピリ辛にしてもOK。

豚肉とピーマンのみそ炒め

材料（1人分）
豚薄切り肉…3枚（90g）
ピーマン…2個
ごま油…少々
A［塩、コショウ…少々
　 片栗粉…小さじ1
B［みそ、しょうゆ、砂糖…各小さじ1］

作り方
1. 豚肉は細切りにしてAを揉みこむ。ピーマンも細切りにする。
2. フライパンにごま油をひいて熱し、**1**の肉を炒める。色が変わったらピーマンを加えて炒め、Bを全体に絡める。

にんじんの酢みそ和え R

材料（1人分）
にんじん…小1/3本（50g）
A［米酢…小さじ1/2
　 みそ…小さじ1

作り方
1. にんじんはスティック状に切ってラップに包み、電子レンジで1分ほど加熱する。
2. 熱いうちにAを絡めてそのまま冷ます。
＊加熱しすぎず、適度に歯ごたえを残すとよい。

かぼちゃのみそバター蒸し R

材料（1人分）
かぼちゃ…100g
A［はちみつ…小さじ1
　 みそ…小さじ1
　 バター…5g

作り方
1. かぼちゃは小さめの一口サイズに切り、耐熱容器に皮を下にして並べ、ふんわりとラップをかける。電子レンジで2分半加熱する。
2. 熱いうちにAを絡め、電子レンジで20秒ほど加熱してなじませる。
＊さつまいもでも同じように作れます。

玉ねぎのみそマヨグリル G

材料（1 人分）
玉ねぎ…1/4 個（50g）
みそ…小さじ 1
マヨネーズ…適量

作り方
1. 玉ねぎは 1 センチの厚みのいちょう切りにする（半月に切ってからその半分に）。楊枝を刺してばらばらにならないように留め、ホイルに包んで魚焼きグリルで 6 分焼く。
2. 玉ねぎが柔らかくなっていたらみそを塗り、マヨネーズを絞って串の部分に火があたらないようホイルをかぶせて（玉ねぎの部分はかぶせなくてもよい）1 分加熱する。
＊みそが焦げやすいので注意！　仕上げに七味を振っても OK。

ナスの梅みそ和え R

材料（1 人分）
ナス…小 1 本
みそ…小さじ 1
梅干し…1/2 個

作り方
1. ナスは乱切りにして耐熱容器に入れてふんわりとラップをかけ、電子レンジで 2 分加熱する。
2. 1 をみそとちぎった梅干しで和える。
＊ごま油をプラスしコクを UP させても。

ブロッコリーとショートパスタのみそ味サラダ

材料（1 人分）
ブロッコリー…4 切れ
早ゆでショートパスタ（3分ゆでタイプ）…15g
A ┌ みそ…小さじ 1
　│ クリームチーズ（個包装のもの）…1 個
　└ 塩、コショウ…各少々

作り方
1. 鍋に湯を沸かし、塩（分量外）少々を加えてパスタ、ブロッコリーの順に時間差でゆで、ざるにあける。
2. 熱いうちに鍋に戻し、A を絡める。
＊クリームチーズのかわりにマヨでも OK。ブロッコリーのほかに、いんげんやスナップえんどうなども。

いんげんとじゃがいものみそチーズ和え R

材料（1 人分）
いんげん…4 本
じゃがいも…小 1 個
A ┌ クリームチーズ（個包装のもの）…1 個
　│ みそ…小さじ 1
　└ メイプルシロップ…小さじ 1/2

作り方
1. いんげんはへたを切り落として半分の長さに、じゃがいもは千切りにして水にくぐらせる。
2. 耐熱容器にいんげんとじゃがいもを入れてふんわりとラップをかけ、電子レンジで 2 分加熱する。熱いうちに A を加えて溶かしながら混ぜる。
＊少し梅肉を入れても美味。

さっぱりしょうゆ味

かつおぶし、からしなどの
合わせ技でバリエも豊富！

Main
セロリ好きやわ〜。
なんでみんな
嫌いなんやろ？？
（なーさん）

豚肉とセロリの春雨炒め

材料（2人分）
豚薄切り肉…3〜4枚（100g）
セロリ…1/2本
塩、コショウ、ごま油…各少々
水…100cc
しょうゆ…大さじ1
春雨…40g

作り方
1. セロリは斜めに薄切りに、豚肉は食べやすい長さに切る。
2. フライパンにごま油をひいて豚肉を色が変わるまで炒め、続いてセロリを加えてさらに炒める。
3. 軽く塩、コショウを振って水を入れ、春雨を加えてほぐしながら煮汁の中で戻しつつ加熱する。
4. しょうゆで調味し、ほどよく水分が飛んだら出来上がり。
＊春雨は、カット済みの戻さず使えるタイプを使用すると便利。

ゆで豚のからししょうゆ和え

材料（1人分）
豚薄切り肉…4枚（120g）
青ねぎ…1本
からし…小さじ1/3
しょうゆ…小さじ1強

作り方
1. 豚肉は食べやすい長さに切り、青ねぎは小口切りにする。
2. 鍋に湯を沸かして**1**の豚肉をさっとゆで、ざるにあけて水で洗い、キッチンペーパーで水気をふく。
3. ボウルに**2**の肉とからし、しょうゆ、ねぎを入れて和える。
＊ゆでて洗うのでカロリーダウン。冷めても脂が気にならないのも◎。

焼きサーモンといんげんのしょうゆ浸し G

材料（1人分）
生鮭…1/2切れ（60g）
いんげん…3本
塩…少々
A［しょうゆ…小さじ1
　 柚子胡椒…少々

作り方
1. 生鮭に塩を振ってラップで包んで一晩おく。
2. 1 のサーモンとへたを切り落とし半分に切ったいんげんをホイルに包み、魚焼きグリルで7分加熱する。
3. 熱いうちにAを振りかけて冷ます。

ちくわのチーズしょうゆソテー

材料（1人分）
ちくわ…2本
いんげん…5本
サラダ油…少々
しょうゆ…小さじ1
粉チーズ…小さじ2

作り方
1. ちくわは一口サイズに斜め切り、いんげんもへたを切り落とし斜めに切る。
2. フライパンにサラダ油をひいてちくわといんげんを入れ、しんなりして焦げ目がついてくるまで炒める。
3. しょうゆと粉チーズを振る。

キャベチーズのお揚げ巻き

G R

材料（1人分）
油揚げ…1枚
キャベツの葉…1～2枚
スライスチーズ…1枚
しょうゆ…少々

作り方
1. 油揚げは広げて一枚の正方形にし、真ん中で切って長方形の物を2つ作る。スライスチーズは半分に切る。キャベツは耐熱容器に入れてふんわりとラップをかけて電子レンジで1分加熱し、細切りにして水気を絞る。
2. 油揚げにキャベツとチーズをのせて巻き、巻き終わりを楊枝で留める。これを2本作る。
3. ホイルに包んで魚焼きグリルで3分ほど焼き、しょうゆを塗って食べやすくカットする。

キャベツのお浸し

R

材料（1人分）
キャベツの葉…1枚
乾燥カットわかめ…大さじ1
しょうゆ…小さじ1
かつおぶし…ひとつまみ
塩…少々

作り方
1. キャベツは食べやすい大きさに切る。乾燥わかめはさっと洗う。
2. 耐熱容器にキャベツとわかめを入れ、塩を振ってふんわりとラップをかけて電子レンジで1分半加熱する。
3. 熱いうちにしょうゆを振りかけて混ぜ、最後にかつおぶしを加える。
＊カットわかめのかわりに、桜えびを入れてもおいしい。

鶏胸肉のからししょうゆ浸し

材料（1人分）
鶏胸肉…1/2枚強（120g）
塩、コショウ、砂糖…各少々
薄力粉…大さじ1
サラダ油…少々
A［しょうゆ…小さじ1
　 練りがらし…1センチ
青ねぎ…適宜

作り方
1. 鶏肉は薄く削ぎ切りにして塩、コショウ、砂糖を振る。
2. ビニール袋に**1**と薄力粉を入れて振り混ぜ、全体に粉をまぶす。Aを小皿に合わせておく。
3. フライパンにサラダ油をひいて熱し、**2**の肉を並べて両面こんがりと焼く。焼きあがったら**2**の小皿に取り、熱いうちにAを絡める。あれば小口切りの青ねぎをのせる。
＊アスパラガス、いんげんなども一緒に炒めるとボリュームUP。

高野豆腐のおかかしょうゆステーキ

材料（2人分）
高野豆腐…2枚
卵…1個
かつおぶし…1パック
塩…少々
サラダ油…少々
バター…10g
しょうゆ…小さじ1

作り方
1. 高野豆腐は水に1分ほど浮かべて戻し、厚みを半分にし2つに切る（4枚になる）。
2. ボウルに卵とかつおぶし、塩を加えてよく混ぜ、**1**の高野豆腐を入れて卵液を吸わせる。
3. フライパンにサラダ油とバターをひいて熱し、**2**を両面こんがりと焼く。
4. しょうゆを鍋肌から流しいれて絡める。
＊刻みのりをまぶしてもおいしい。

高野豆腐、
大好き!!
ごはんにのっけて
ほしい～
（すぅさん）

高菜の焼きそば

材料（1人分）
ちくわ…2本
キャベツの葉…1枚
焼きそば用蒸し麺…1玉
高菜漬け（刻み）…大さじ1
ごま油…小さじ1
しょうゆ…小さじ2

作り方
1. ちくわはスティック状に切り、キャベツは一口サイズに切る。
2. フライパンにごま油をひいて麺を炒め、ちくわとキャベツも加えてさらに炒める。
3. しんなりしたら高菜漬けとしょうゆを加えて全体を混ぜる。
＊ちくわのかわりに豚肉やシーフードミックスでもOK。麺をごはんにかえたバージョンもおいしい。

ほうれん草とお揚げの生姜じょうゆ G

材料（1人分）
ゆでほうれん草…50g
油揚げ…1/4枚
生姜（すりおろし）…小さじ1/2
しょうゆ…小さじ1

作り方
1. 魚焼きグリルにホイルをしいて油揚げをのせて5分ほど焼く。
2. 冷めたら食べやすく切り、ボウルに切ったほうれん草、生姜、しょうゆと一緒に入れて合わせる。
＊ほうれん草は小松菜にかえてもよい。

ナスのからししょうゆ和え

材料（1人分）
ナス…小1本
しょうゆ、からし…各小さじ1

作り方
1. ナスはスティック状に切って塩水（分量外）に1分ほど漬け、しっかり水気を絞る。
2. ボウルに**1**のナスとしょうゆ、からしを入れてよく混ぜる。
＊ 10分ほどで味がしみるが、前夜から作っておいても。

かぼちゃのしょうゆ蒸し R

材料（2人分）
かぼちゃ…100g
塩…少々
バター…5g
しょうゆ…小さじ1
かつおぶし…1/2袋

作り方
1. かぼちゃは3センチ角に切り、耐熱容器に皮を下にして並べる。塩を振り、バターをのせてふんわりとラップをかけて電子レンジで2分半加熱する。
2. ラップを取り、しょうゆを回しかけて全体を混ぜ、仕上げにかつおぶしをまぶす。
＊さつまいもや里いもでもOK。

豚ひき肉とナスのしょうゆそぼろ

材料（1人分）
豚ひき肉…50g
ナス…小1本
塩、コショウ…各少々
ごま油…小さじ1
生姜（すりおろし）…小さじ1
しょうゆ…小さじ2

作り方
1. ナスはさいの目に切って塩水（分量外）に1分ほど漬け、しっかり水気を絞る。
2. フライパンにごま油をひいてひき肉を炒め、色が変わったらナスを加えてさらに炒める。塩、コショウ、生姜、しょうゆを加えて汁けがなくなるまで炒める。
＊豚ひき肉を鶏ひき肉にかえても OK。

きのことシーフードのバターしょうゆ

材料（1人分）
冷凍シーフードミックス…60g
しめじ…1/2袋
酒…大さじ1
しょうゆ…大さじ1/2
バター…10g

作り方
1. シーフードミックスはさっと流水で洗って水気をきる。
2. 小鍋に**1**と石づきを取って小房に分けたしめじ、酒、しょうゆを入れて火にかける。中火でしんなりしてくるまで煮たら、バターを加えて水分がなくなるまで煮詰める。
＊シーフードミックスは凍ったまま流水で流し、表面の氷をとるのがポイント。

にんじんのチヂミ

材料（1人分）
にんじん…中1/2本（100g）
塩…ひとつまみ
すりごま…小さじ1
薄力粉…大さじ3
水…大さじ2
ごま油…小さじ1
しょうゆ…小さじ1

作り方
1. にんじんは千切りにして塩を振ってしんなりするまで軽く揉み、ギュッと絞る。
2. ボウルににんじんとすりごま、薄力粉を入れてよく混ぜ、水を入れてざっくりと混ぜる。
3. フライパンにごま油をひいて熱し、**2**を入れてへらで押し付けながら両面こんがりと焼く。
4. 食べやすく切り分け、しょうゆを振りかける。
＊ニラや豆苗などでも OK。

豆苗とチーズのわさびしょうゆ和え

材料（1人分）
豆苗…1/2袋
スライスチーズ…1枚
わさび…小さじ1/2
しょうゆ…小さじ1
すりごま…小さじ1

作り方
1. 豆苗は3センチ長さに切って熱湯で湯がき、冷水に取ってしっかり絞る。チーズは1センチ角に切る。
2. **1**の豆苗とチーズ、わさび、しょうゆ、すりごまを混ぜ合わせる。
＊豆苗はレンジで加熱しても OK。

マヨ味

大人も子どもも大好きな、
コクと酸味のハーモニー！

サワラのマヨから揚げ

材料（1人分）
サワラ…1切れ（100g）
酒…大さじ1
塩、コショウ、片栗粉、サラダ油…各適量
A［マヨネーズ…小さじ1
　しょうゆ…小さじ1

作り方
1. サワラは一口サイズに切って塩、コショウ、酒を振って10分ほどおく。
2. 1の水気をふき、Aを絡めて片栗粉をまぶす。
3. フライパンにやや多めのサラダ油を注ぎ、2を転がしながらこんがりときつね色になるまで揚げ焼きにする。
＊七味を振ると大人味に。サバや鮭でもおいしい。

豚肉としめじのマヨ焼き

材料（1人分）
豚薄切り肉…3～4枚（100g）
しめじ…1/2パック
塩、コショウ…各少々
マヨネーズ…大さじ1
しょうゆ…小さじ1

作り方
1. しめじは石づきを取って小房に分ける。
2. フライパンにマヨネーズを絞り、火にかける。豚肉を入れてマヨネーズに絡めながら焼き、色が変わってきたらしめじを加えてしんなりするまで炒め、塩、コショウ、しょうゆを振って全体に絡める。
＊エリンギやまいたけ、しいたけなどでもOK。

キャベツのマヨペペロン G

材料（1人分）
キャベツの葉…2枚
マヨネーズ…大さじ1
塩…少々
鷹の爪（輪切り）、または一味唐辛子…少々

作り方
1. キャベツは一口大に切る。
2. ホイルにキャベツをのせて塩を振り、包む。
3. 魚焼きグリルで4分ほど焼き、マヨネーズと鷹の爪（一味でも）で和える。
＊水気が出る場合はおかかをプラス。

千切りにんじんのゆかりマヨ R

材料（1人分）
にんじん…小1/3本（50g）
ちくわ…1本
ごま油…小さじ1
ゆかり…小さじ1
マヨネーズ…小さじ1

作り方
1. にんじんは千切りにする。ちくわもスティック状に切る。
2. 耐熱容器ににんじんとちくわを入れてごま油を回しかけ、ふんわりとラップをかけて電子レンジで1分加熱する。
3. ゆかりとマヨネーズで和える。
＊ゆかりのかわりに、梅干しをたたいたものでもOK。

ひき肉のマヨオムレツ

材料（1人分）
鶏ひき肉…50g
青ねぎ…1/2本
A
- 卵…1個
- 片栗粉…大さじ1
- マヨネーズ…大さじ1
- 塩昆布…ひとつまみ

サラダ油…少々

コレが一番おいしかった！（すぅさん）

作り方
1. 青ねぎは小口切りにする。
2. ボウルにひき肉と**1**とAを入れて箸でよく混ぜる。
3. フライパンにサラダ油をひいて熱し、**2**のたねをお玉ですくってフライパンに落とす。両面こんがりときつね色になるまでひっくり返しながら焼く。
＊豚ひき肉、合いびき肉でもおいしくできる。

ブロッコリーのごまマヨ和え

材料（1人分）
ゆでブロッコリー…4切れ
A
- 塩…少々
- マヨネーズ…小さじ2
- さとう…小さじ1/2
- しょうゆ…小さじ1/2
- 米酢…小さじ1/2
- すりごま…小さじ1

作り方
1. ブロッコリーにAを加えてよく和える。
＊ゆでほうれん草でもOK。

鶏胸肉のオイマヨ和え

材料（1人分）
鶏胸肉…1/2枚強（120g）
塩、コショウ…各少々
薄力粉…大さじ1
サラダ油…少々
A
- マヨネーズ…小さじ1
- オイスターソース…小さじ1

作り方
1. 鶏肉は薄く削ぎ切りにして塩、コショウを振る。
2. ビニール袋に**1**と薄力粉を入れて振り混ぜ、全体に粉をまぶす。Aを小皿に合わせておく。
3. フライパンにサラダ油をひいて熱し、**2**の肉を並べて両面こんがりと焼く。焼きあがったら**2**の小皿に取り、熱いうちにタレを絡める。
＊豚肉でもOK。

しょうゆマヨの焼きうどん R

材料（1人分）
ゆでうどん…1玉
豚薄切り肉…1～2枚（50g）
塩昆布…ひとつまみ
青ねぎ…1本
マヨネーズ…大さじ1
しょうゆ…大さじ1/2

作り方
1. 青ねぎは小口切りにする。豚肉は食べやすい大きさに切る。
2. クッキングシートを30センチ四方に切りとり、真ん中にゆでうどんをのせる。その上に豚肉を広げてのせ、塩昆布を散らす。さらにその上に青ねぎ、マヨネーズ、しょうゆの順に重ねて、クッキングシートをキャンディー包みにする。
3. 皿にのせて電子レンジで4分加熱する。加熱が終わったら全体をよく混ぜる。
＊ゆでうどんは冷凍のものを、前夜に冷蔵庫に移して、自然解凍しておく。

うどんがひっつかないように、一口ずつ入れてくれたやろ？気づくのなーさんくらいやで（笑）（なーさん）

旨かった！
（兄さん）

鶏もも肉のマヨポン炒め

材料（1人分）
鶏もも肉…1/2枚（120g）
塩、コショウ、薄力粉、サラダ油…各少々
酒…大さじ1
マヨネーズ…大さじ1
ポン酢…大さじ1

作り方
1. 鶏肉は一口サイズに削ぎ切りにし、塩、コショウ、酒を振って薄力粉をまぶす。
2. フライパンにサラダ油をひいて熱し、**1**の鶏肉を並べて両面こんがりと焼く。
3. 余分な油をキッチンペーパーで拭き、マヨネーズとポン酢を入れて全体に絡める。
＊胸肉、ささみでもOK。粒マスタードを入れても美味。

和風ごぼうサラダ

材料（2、3人分）
ごぼう…1/2本
ごま油…小さじ1
めんつゆ…大さじ1
米酢…大さじ1
水…50cc
マヨネーズ…大さじ1

作り方
1. ごぼうは斜めに薄切りにして端から千切りにし、水にさらす。
2. 鍋にごぼうとごま油を入れて火にかけ、軽く炒める。めんつゆ、米酢、水を入れて時折かき混ぜながら水気がなくなるまでしっかり煮て、ごぼうに火が通ったら冷ます。
3. マヨネーズで和える。
＊にんじんを入れても◎。

セロ玉サラダ

材料（1人分）
セロリ…1/2本
ゆで卵…1個
マヨネーズ…大さじ1
からし…小さじ1/2
塩、コショウ…各少々

作り方
1. セロリはあらみじんに切って塩（分量外）を振り、しんなりしてきたらギュッと絞る。
2. ゆで卵はフォークでつぶし、**1**と合わせる。マヨネーズ、からし、塩、コショウを加えてよく和える。
＊からしのかわりに梅干しを入れてもおいしい。

鮭マヨ

材料（1人分）
生鮭…1切れ（120g）
塩、コショウ、片栗粉、サラダ油…各適量
A ｢マヨネーズ…大さじ1
　 ケチャップ…大さじ1
　 メイプルシロップ…小さじ1

作り方
1. 鮭は一口サイズに切り、塩、コショウを振って片栗粉をまぶす。
2. フライパンにサラダ油をひき、**1**を並べて中まで火が通るように転がしながら全体を焼く。
3. 焼きあがったらAを混ぜたものに絡める。
＊鮭をタラにかえてもOK。

かぼちゃとベーコンのからしマヨサラダ R

材料（1人分）
かぼちゃ…100g
ベーコン…1枚
塩…ひとつまみ
からし…小さじ1/2
マヨネーズ…大さじ1

作り方
1. ベーコンは1センチ幅に切る。かぼちゃは小さめの一口サイズに切って皮を下にして耐熱容器に並べる。かぼちゃに塩を振ってベーコンを散らし、ふんわりとラップをかける。
2. 串がスッと通るようになるまで、電子レンジで2分半ほど加熱する。からしとマヨネーズを加えて和える。
＊かぼちゃをさつまいもにかえてもおいしい。

ナス！
やばかった！
いい意味でやで
（なーさん）

ナスのみそマヨ炒め

材料（1人分）
ナス…小1本
マヨネーズ…大さじ1
みそ…小さじ1

作り方
1. ナスは乱切りにして塩水（分量外）に1分ほど漬け、しっかり絞る。
2. フライパンにマヨネーズとナスを入れる。しっかり和えてから火をつけ、中火から弱火で加熱する。
3. ナスがしんなりしたらみそを加えて火を止め、全体になじませる。

シーフードとしめじのマヨおかか炒め

材料（1人分）
冷凍シーフードミックス…100g
しめじ…1/2パック
マヨネーズ…大さじ1
しょうゆ…大さじ1/2
かつおぶし…1/2袋
塩、コショウ…各少々

作り方
1. シーフードミックスは流水にあてて表面の氷を洗い流してざるにあける。しめじは石づきを取って小房に分ける。
2. 小なべにシーフードミックスを入れ、塩、コショウを振り、マヨネーズを入れて火にかける。マヨネーズを絡めながら加熱し、シーフードに火が通ってきたらしめじを加えてしんなりするまで炒める。
3. しょうゆを入れて全体を絡め、かつおぶしを加えて火を止める。

レンジゆかりポテサラ R

材料（1人分）
じゃがいも…1個
いんげん…3本
A［マヨネーズ…大さじ1
　 ゆかり…小さじ1

作り方
1. じゃがいもは皮をむいて一口サイズに切って水にくぐらせる。いんげんはへたを切り落として2センチ長さに切る。じゃがいもといんげんを耐熱容器に入れ、ふんわりとラップをかけて電子レンジで2分半ほど加熱する。
2. じゃがいもに串がスッと通ったら、Aを加えて和える。
＊いんげんはスナップえんどうやピーマンにかえても。彩りなのでなくてもOK。

ケチャップ味

ケチャップの赤色が入ると、
お弁当の彩りもUP!

豚肉と玉ねぎの
ケチャマヨ

材料（1人分）
豚薄切り肉…4枚（120g）
玉ねぎ…1/4個
サラダ油…少々
A ┌ マヨネーズ、ケチャップ…各大さじ1
　│ 塩、コショウ…各少々
　└ しょうゆ…小さじ1

作り方
1. 豚肉は4等分に切り、玉ねぎはくし形に切る。ボウルに入れてAを揉みこむ。
2. フライパンにサラダ油をひいて熱し、**1**を焦がさないよう中火から弱火で炒める。

かぼちゃの
ケチャップチーズ焼き

材料（1人分）
かぼちゃ（5ミリにスライス）…4枚
塩…少々
オリーブオイル…小さじ1
ケチャップ、ピザ用チーズ…各適量

作り方
1. ホイルを広げてかぼちゃを並べ、塩とオリーブオイルを振りかける。
2. ホイルに包んで魚焼きグリルで6分ほど焼き、ホイルを広げて熱いうちにチーズを乗せ、ケチャップを絞って余熱でおく。
＊お好みで塩、コショウをプラスしても。薄切りのじゃがいもでも作れます。

サーモンの
ケチャップ照り焼き

材料（1人分）
生鮭…1/2切れ（60g）
塩、コショウ…各少々
ケチャップ…大さじ1
はちみつ…小さじ1

作り方
1. 鮭に塩、コショウを振る。
2. ホイルを広げ、サーモンをのせてケチャップとはちみつをかけて絡め、ホイルを包む。
3. 魚焼きグリルで6～7分焼く。
＊ホイルにスライスした玉ねぎも一緒に入れて加熱するとボリュームUP。

豚こまハンバーグ

材料（1人分）
豚薄切り肉…3～4枚（100g）
玉ねぎ…1/4個
ケチャップ、ウスターソース…各小さじ1
A ┌ 塩、コショウ…各少々
　│ パン粉…大さじ1
　│ フライドオニオン…大さじ1
　└ マヨネーズ…大さじ1

作り方
1. 豚肉を大きく刻み、Aを混ぜ込んで小判形に成形する。玉ねぎは薄切りにする。
2. ホイルを広げ、玉ねぎをのせケチャップとウスターソースをかけて軽く混ぜ、その上に**1**のハンバーグをのせて包む。
3. 魚焼きグリルで10分焼く。
＊フライドオニオンが肉汁をすい、うまみもアップさせて一石二鳥。

レンコンの
ケチャップきんぴら

材料（1人分）
レンコン…50g
ケチャップ…小さじ2
めんつゆ…小さじ1

作り方
1. レンコンは皮をむいてスティック状に切り、水にさらす。
2. ホイルに**1**のレンコンをおき、ケチャップとめんつゆをかけて軽く混ぜて包む。
3. 魚焼きグリルで7分加熱し、そのまま冷めるまでおく。
＊レンコンのかわりに、長いもでもOK。

鶏胸肉のチリケチャ

材料（1人分）
鶏胸肉…1/2枚強（120g）
塩、コショウ…各少々
薄力粉…大さじ1
サラダ油…少々
A ┌ ケチャップ…大さじ1
　│ 豆板醤…小さじ1/4
　│ ごま油…小さじ1/2
　└ はちみつ…小さじ1

作り方
1. 鶏肉は薄く削ぎ切りにして塩、コショウを振る。
2. ビニール袋に**1**と薄力粉を入れて振り混ぜ、全体に粉をまぶす。Aを小皿に合わせておく。
3. フライパンにサラダ油をひいて熱し、**2**の肉を並べて両面こんがりと焼く。焼きあがったら**2**の小皿に取り、熱いうちにAを絡める。
＊小さい子どもには豆板醤を抜いて。

ふわふわ卵のケチャップ味 R

材料（1 人分）
卵…1 個
マヨネーズ…大さじ 1
牛乳…小さじ 1
スライスチーズ…1 枚
ケチャップ…小さじ 1

作り方
1. 耐熱容器に卵を割りいれ、マヨネーズと牛乳を入れてフォークで混ぜる。
2. ちぎったチーズを散らしてラップをかけずに電子レンジで 1 分～ 1 分10秒加熱し、ケチャップを絞る。
＊チキンライスの上にのせても美味。

油揚げと玉ねぎのケチャップ炒め G

材料（1 人分）
油揚げ…1/2 枚
玉ねぎ…1/4 個
オリーブオイル…小さじ 1
A ［ケチャップ…大さじ 1
　 粒マスタード、しょうゆ…各小さじ 1/2

作り方
1. 油揚げは短冊に、玉ねぎはくし形に切ってホイルにのせ、オリーブオイルを回しかけて包む。
2. 魚焼きグリルで 5 分ほど焼き、A で和える。
＊新玉ねぎで作ると甘くてジューシー！

牛肉と玉ねぎのケチャップ炒め

材料（1 人分）
牛薄切り肉…3 ～ 4 枚（100g）
玉ねぎ…1/4 個
塩、コショウ、サラダ油、パセリ…各少々
A ［ケチャップ…大さじ 1
　 オイスターソース…大さじ 1/2

作り方
1. 玉ねぎは薄切りにする。牛肉は食べやすい長さに切り、塩、コショウを振っておく。
2. フライパンにサラダ油をひいて熱し、玉ねぎと牛肉を炒める。しんなりしてきたら A で調味し、パセリを振る。
＊豚の薄切り肉でも OK。

チキンチャップ

材料（1 人分）
ささみ…2 本
いんげん…5 本
塩、コショウ、片栗粉、サラダ油…各少々
A ［バター…10g
　 ケチャップ…大さじ 1
　 粉チーズ…大さじ 1/2

作り方
1. いんげんはへたを切り落として半分の長さに切る。ささみは筋をひいていんげんと同じ長さに細く切り、塩、コショウ、片栗粉をまぶす。
2. フライパンにサラダ油をひいて **1** のささみといんげんを広げて入れ、全体に焦げ目がつくまで炒め、A を加えて全体を混ぜて火を止める。
＊焦げやすいので、火を弱めてから調味料を入れる。

きのこのケチャップ和え R

材料（1 人分）
エリンギ…2 本
A ［ケチャップ…小さじ 1
　 めんつゆ…小さじ 1

作り方
1. エリンギは食べやすくカットし、耐熱容器に入れてふんわりとラップをかけ、電子レンジで 1 分半加熱する。
2. A を加えて混ぜ、冷ます。
＊しめじやブナピー、えのきなどでもOK。

ふわふわキャベツのケチャップかけ

これ
好きやねん。
なんかお好み焼き
みたいで
（なーさん）

材料（1 人分）
キャベツの葉…2 枚
卵…1 個
塩、砂糖…各少々
サラダ油…少々
ケチャップ…適量

作り方
1. キャベツは耐熱容器に入れてラップをふんわりとかけ、電子レンジで 1 分加熱する。水気を絞って千切りにし、ボウルに入れる。卵、塩、砂糖を加えてよく混ぜる。
2. 玉子焼き器にサラダ油をひき、**1** を玉子焼き器の半分くらいの大きさ（8 センチ× 12 センチ）に流し、片面が焼けたら裏返して両面色よく焼く。
3. 切り分けてケチャップをかける。
＊アルミカップに入れてトースターで焼いてもOK。

梅味

日本人のお弁当…といえば、やっぱり梅干し！
梅肉ペーストを使ってもOK。

グリルチキンの甘辛梅浸し

材料（1人分）
鶏もも肉…1/2枚（120g）
塩…少々
梅干し…1/3個
A［めんつゆ…小さじ2
　 青ねぎ（小口切り）…適宜

作り方
1. 鶏もも肉は厚みを均一にし、一口大の削ぎ切りにする。塩を振り、10分ほどおく。
2. 魚焼きグリルにホイルをお皿のようにして広げ、1の鶏肉を並べて7分焼く。
3. 梅干しは種を取ってたたき、Aと合わせる。2が焼きあがったら熱いうちに漬け込み、冷めるまでおく。

キャベツの梅サラダ

材料（1人分）
キャベツの葉…1～2枚
梅干し…1/3個
オリーブオイル…小さじ1
塩…少々

作り方
1. キャベツは小さめのざく切りにし、ボウルに入れて塩を振って、しんなりしてくるまでよく揉む。
2. 水気をギュッと絞り、種を取って細かくちぎった梅干し、オリーブオイルで和える。
＊オリーブオイルのかわりにごま油でもOK。

ほうれん草とチーズの梅肉和え

材料（1人分）
ゆでほうれん草…50g
スライスチーズ…1枚
梅干し…1/3個
めんつゆ…小さじ1

作り方
1. チーズはさいの目に切る。
2. 切ったほうれん草とチーズをボウルに入れ、種を取って細かくちぎった梅干しとめんつゆで和える。
＊ほうれん草は、小松菜や春菊にかえてもOK。

ささみのピカタ

材料（2人分）
ささみ…大2本
塩、コショウ、薄力粉、サラダ油…各少々
A［卵…1個
　 梅干し…1個
　 大葉…2枚

作り方
1. ささみは厚みを開いて1本を3等分くらいに切る。塩、コショウを振って薄力粉をまぶす。大葉はみじん切りにする。梅干しは種を取って細かくちぎる。
2. ボウルにAを入れてよく溶き混ぜる。ここに1のささみを入れて絡ませる。
3. フライパンにサラダ油をひいて熱し、2の肉をフライパンの上に1つずつのせる。片面が焼けたら裏返して同じように焼き、卵液が残っている場合は焼いている途中で肉をさらに卵液に絡めながら焼く。

サワラの梅しょうゆ焼き

材料（1人分）
サワラ…1切れ（100g）
塩、酒…各少々
A［梅干し…1/2個
　 しょうゆ…小さじ1
　 生姜（すりおろし）…少々

作り方
1. サワラに塩と酒を振って10分ほどおき、水気を拭く。
2. ホイルにのせて魚焼きグリルで6分ほど焼く。
3. 梅干しは種を取って細かくちぎる。焼きあがった2をバットにとり、Aを絡めて冷めるまでおき、なじませる。

鶏胸肉の梅ぽんソテー

材料（1人分）
鶏胸肉…1/2枚強（120g）
塩、コショウ…各少々
薄力粉…大さじ1
サラダ油…少々
A［ポン酢…小さじ2
　 梅干し…1個

作り方
1. 鶏肉は薄く削ぎ切りにして塩、コショウを振る。
2. ビニール袋に1と薄力粉を入れて振り混ぜ、全体に粉をまぶす。梅干しは種を取って包丁でたたき、Aを小皿に合わせておく。
3. フライパンにサラダ油をひいて熱し、2の肉を並べて両面こんがりと焼く。焼きあがったら2の小皿に取り、熱いうちにタレを絡める。
＊鶏もも肉でも、ささみでも、豚肉でもおいしくできる。

梅つくね G

材料（4個分）
鶏ひき肉…150g
梅干し…1/2個
マヨネーズ…大さじ1
塩、コショウ、ごま油…各少々
片栗粉…大さじ1
青ねぎ（小口切り）…適宜

作り方
1. ボウルに鶏ひき肉、種を取って細かくちぎった梅干し、マヨネーズ、塩、コショウ、片栗粉を入れてよく混ぜ、4等分にして小判形に成形する。
2. ホイルの内側にごま油を塗り、**1**のつくねを並べる。包んで魚焼きグリルに入れ、9分加熱する。青ねぎを添える。

ナスの梅和え

材料（1人分）
ナス…1本
梅干し…1/2個
ポン酢…小さじ2

作り方
1. ナスは小さめの乱切りにして塩水（分量外）に1分ほど漬け、しっかり水気を絞る。
2. **1**に種を取って細かくちぎった梅干しとポン酢を加えて和える。
＊お酢をプラスしても美味。

梅入りだし巻き

材料（2人分）
卵…2個
かつおぶし…1/2パック
梅干し…1/2個
青ねぎ（小口切り）…大さじ1
塩…少々
しょうゆ…小さじ1/2
水…大さじ2
サラダ油…適量

作り方
1. ボウルに卵を割りほぐし、かつおぶし、塩、しょうゆ、水、種を取って細かくちぎった梅干し、青ねぎを入れて白身を切るように混ぜる。
2. 玉子焼き器にサラダ油をひいて熱し、**1**の卵液の1/3量くらいを流しいれ、奥から手前に向かって巻いていく。これをあと2回繰り返す。

梅塩焼きそば R

材料（1人分）
焼きそば用蒸し麺…1玉
豚薄切り肉…1～2枚（50g）
梅干し…1/2個
長ねぎ…1/2本
ごま油、白だし…各小さじ1
塩、コショウ…各少々

作り方
1. 長ねぎは5センチ長さの千切りにする。梅干しは種を取って細かくちぎる。
2. クッキングシートを30センチ四方に切り取り、麺を乗せる。その上に長ねぎ、豚肉の順に重ね、塩、コショウを振る。
3. 梅とごま油、白だしを振りかけてキャンディー包みにし、電子レンジで3分半ほど加熱する。肉の色が変わったのを確認してよく混ぜる。
＊長ねぎのかわりに青ねぎでもOK。

じゃがいもの梅ナムル R

材料（1人分）
じゃがいも…1個
ごま油…小さじ1
梅干し…1/3個
白だし…小さじ1
すりごま…小さじ1

作り方
1. じゃがいもは皮をむいて千切りにして水にさらし、水気を軽く切って耐熱容器に入れる。
2. ごま油をまぶしてふんわりとラップをかけ、2分ほど電子レンジで加熱する。
3. 種を取って細かくちぎった梅干しと白だし、すりごまを加えて混ぜる。
＊白だしをめんつゆにかえてもOK。

豚肉のチーズ入り梅生姜焼き

材料（1人分）
豚薄切り肉…4枚（120g）
スライスチーズ…1枚
塩、コショウ、薄力粉、サラダ油…各少々
A［梅干し…1/2個
みりん、しょうゆ、水…各小さじ1
生姜（すりおろし）…少々］

作り方
1. チーズは細長く切る。豚肉を広げてチーズを芯にしてくるくると巻き、塩、コショウ、薄力粉を振りかける。梅干しは種を取って細かくちぎり、Aはすべて合わせておく。
2. フライパンにサラダ油をひいて熱し、**1**の巻き終わりを下にして並べ、転がしながら全体にきつね色になるまで焼く。
3. Aのたれを流しいれ、全体に照りよく煮絡める。
＊大葉を巻き込んでも美味。

カレー味

どんな時でも、
なぜか食欲のわく味！

鮭のカレー塩焼き　G

材料（1 人分）
生鮭…1 切れ（120g）
塩…少々
カレー粉…小さじ 1/2

作り方
1. 鮭に塩とカレー粉をまんべんなく振りかけ、5 分ほどおく。
2. 魚焼きグリルにホイルを皿のようにしき、**1** を並べる。
3. グリルで 5 分ほど焼く。
＊タラやサワラ、ブリでもOK。

豚肉と玉ねぎの和風カレー炒め

材料（1 人分）
豚薄切り肉…3 枚（90g）
玉ねぎ…1/2 個
サラダ油…少々
かつおぶし…1/2 パック
A ┌ 砂糖…小さじ 1
　│ しょうゆ…小さじ 2
　└ カレー粉…小さじ 1/2

作り方
1. 玉ねぎは薄切りにする。豚肉は一口大に切る。
2. フライパンにサラダ油をひき玉ねぎを入れてしんなりするまで炒め、豚肉を入れて色が変わるまで炒める。A を加えて汁けが少なくなるまで炒め、仕上げにかつおぶしを加えて和える。
＊牛肉でもおいしい。

ほうれん草とコーンのバターカレー　R

材料（1 人分）
ゆでほうれん草…50g
冷凍コーン…大さじ 1
バター…5g
塩…少々
カレー粉…小さじ 1/4

作り方
1. 耐熱容器にゆでて 4 センチに切ったほうれん草とコーンを入れて、塩、カレー粉、バターをのせてふんわりとラップをかける。
2. 電子レンジで 1 分半ほど加熱し、よく混ぜる。

にんじんのカレーマリネ

材料（1 人分）
にんじん…中 1/3 本（70g）
レーズン…小さじ 1
A ┌ 塩…少々
　│ カレー粉…小さじ 1/4
　│ はちみつ…小さじ 1/2
　└ オリーブオイル…小さじ 1

作り方
1. にんじんは斜めに薄切りにしてから千切りにし、ボウルに入れる。A とレーズンを入れて混ぜ、ぴったりとラップをかけて 10 分ほどなじませる。
＊苦手ならレーズンははずして。

ゆで豚といんげんのカレーしょうゆ和え

材料（1 人分）
豚薄切り肉…3 枚（90g）
いんげん…5 本
A ┌ カレー粉…小さじ 1/2
　│ しょうゆ…小さじ 2
　└ オリーブオイル…小さじ 1

作り方
1. 鍋に湯を沸かす。いんげんはへたを切り落として半分の長さに切る。豚肉は食べやすい大きさに切る。
2. いんげんを 2 分ほどゆでて、その後豚肉も入れて色が変わるまでゆでたら、一気にざるにあける。流水にあてて周りの脂を洗い流し、キッチンペーパーで水分を押さえる。
3. A を合わせ、**2** を入れてよく和える。

鶏胸肉のハニーカレー照り焼き

材料（1 人分）
鶏胸肉…1/2 枚強（120g）
塩、コショウ…各少々
薄力粉…大さじ 1
サラダ油…少々
A ┌ カレー粉…少々
　└ はちみつ、しょうゆ…各小さじ 1

作り方
1. 鶏肉は薄く削ぎ切りにして塩、コショウを振る。
2. ビニール袋に **1** と薄力粉を入れて振り混ぜ、全体に粉をまぶす。A を合わせておく。
3. フライパンにサラダ油をひいて熱し、**2** の肉を並べて両面こんがりと焼く。焼きあがったら A をフライパンに流しいれて火を止め、全体に照りよく煮絡める。
＊一緒にアスパラガスやスナップえんどうを焼いても。

やばい！
ごはんが
足りひん！
（なーさん）

鶏もも肉のグリルカレー浸し

G

材料（1 人分）
鶏もも肉…1/2 枚（120g）
塩…少々
A［カレー粉…小さじ 1/2
　 めんつゆ…小さじ 2
青ねぎ…適宜

作り方
1. 鶏肉は厚みを広げて斜めに削ぎ切りにし、まんべんなく塩を振って10 分ほどおく。
2. 魚焼きグリルにホイルを皿のようにしき、1 を並べて 7 分ほど焼く。
3. 熱いうちに A を合わせたタレに漬け込み、あれば小口切りにした青ねぎをまぶし、冷めるまでおく。

かぼちゃの
カレーバター煮

材料（2 人分）
かぼちゃ…150g
A［塩…少々
　 砂糖…小さじ 1
　 カレー粉…小さじ 1/2
　 水…100cc
　 しょうゆ…小さじ 1
バター…10g

作り方
1. かぼちゃは 3 センチ角くらいに切る。
2. 小なべにかぼちゃの皮を下にして並べ、A を加えてふたを斜めにずらして火にかける。
3. 中火で中に火が通るまで煮たら、仕上げにバターを加えて絡める。
＊さつまいもでも OK。

玉ねぎのカレーかき揚げ

材料（1 人分）
玉ねぎ…1/2 個
カレー粉…小さじ 1/2
塩…ひとつまみ
薄力粉…大さじ 3
水…大さじ 1
サラダ油…適量

作り方
1. 玉ねぎは薄切りにし、ボウルに入れてカレー粉、塩、薄力粉を加えて箸で混ぜる。
2. 全体に粉がまぶされた状態になったら水を加えてざっくりと混ぜる。
3. フライパンにやや多めのサラダ油を入れ、2 の玉ねぎを箸で 3 等分にわけて 1 つずつ入れ、両面カリッとなるまで揚げる。

ささみのカレー竜田

材料（1 人分）
ささみ　2 本
片栗粉、サラダ油…各適量
A［塩…少々
　 カレー粉…小さじ 1/2
　 マヨネーズ…小さじ 1
　 しょうゆ…小さじ 1/2

作り方
1. ささみは筋を取って一口大の削ぎ切りにし、A を絡めて片栗粉をまぶす。
2. フライパンにやや多めのサラダ油を入れ、1 の肉を 1 つずつ入れて両面こんがりときつね色になるまで揚げ焼きにする。

焼かない焼きカレーうどん

R

材料（1 人分）
豚薄切り肉…2 枚（60g）
いんげん…5 本
ゆでうどん…1 玉
カレー粉…小さじ 1/2
塩、コショウ…各少々
しょうゆ…小さじ 1
ごま油…小さじ 1

作り方
1. いんげんはへたを切り落として 3 センチ長さに切る。豚肉は食べやすい長さに切る。
2. クッキングシートを 30 センチ四方に切りとり、ゆでうどんをのせる。その上にいんげん、豚肉の順にのせ、肉に塩、コショウ、カレー粉をまんべんなく振りかけてしょうゆとごま油を回しかけ、キャンディー包みにする。
3. 電子レンジで 4 分ほど加熱し、肉の色が変わったのを確認してよく混ぜる。

甘辛カレー味の
チーズ入り卵焼き

これ、
めっちゃ
好き！
（すぅさん）

材料（1 人分）
卵…1 個
A［塩…ひとつまみ
　 しょうゆ…小さじ 1/2
　 砂糖…小さじ 1
　 カレー粉…小さじ 1/2
　 水…大さじ 2
スライスチーズ…1 枚
サラダ油…少々

作り方
1. チーズはさいの目に切る。ボウルに卵と A を入れてよく混ぜる。
2. 玉子焼き器にサラダ油をひいてよく熱し、1 を 3 回に分けて流しいれて焼く。最初の卵液を入れたあと、表面にチーズを散らして奥から手前にむかって巻く。これをあと 2 回繰り返す。
3. 食べやすい大きさに切る。

サラダ&デザート

甘いもの、酸っぱいものは
お弁当箱とは別容器に入れて。

シーフードとパプリカのすっぱ炒め

材料（1人分）
冷凍シーフードミックス…100g
パプリカ…1/2個
玉ねぎ…1/2個
オリーブオイル…大さじ1
A ワインビネガー…大さじ1
　塩…ひとつまみ
　ブラックペパー…少々
　砂糖…小さじ1/2
レモン汁…小さじ1
乾燥ハーブ（バジル、オレガノ、イタリアンハーブミックスなど）…少々

作り方
1. シーフードミックスは凍ったままざるに入れて流水で表面の氷を溶かして水気を切る。パプリカは2センチ角くらいに切る。玉ねぎは繊維に逆らって薄切りにする。
2. 小なべに**1**のシーフードを入れ、オリーブオイルを回しかけてふたをして火にかける。シーフードに火が通ってきたら混ぜ、パプリカを加える。Aを加えて水分がなくなるまで強火で加熱し、玉ねぎを加えてひと混ぜして火を止める。
3. レモン汁と乾燥ハーブを加えて冷ます。
＊写真は紫玉ねぎですが普通の玉ねぎで可。

オレンジとトマトのスイートマリネ

材料（2人分）
オレンジ…1個
トマト…小1個
A レモン汁…小さじ1
　メイプルシロップ…小さじ1
　塩…少々

作り方
1. オレンジとトマトはそれぞれ3センチ角くらいに切る。
2. ボウルに入れてAを振りかけて混ぜ、落としラップをして10分なじませる。
＊季節のかんきつでアレンジ可。

いちごのマリネ

材料（2人分）
いちご…1/2パック
A メイプルシロップ…小さじ2
　ワインビネガー…小さじ1

作り方
1. いちご（大きければ半分に切る）にAを振りかけ、10分ほどなじませる。
＊プチトマトでもおいしい。

キウイとにんじんのマリネ

材料（1人分）
にんじん…1/4本（50g）
キウイ…1/2個
A 塩…ひとつまみ
　レモン汁、メイプルシロップ、エキストラバージンオイル…各小さじ1

作り方
1. にんじんは千切りに、キウイは半月に切る。
2. ボウルに**1**を入れAを加えてざっくり和え、ラップで落としぶたをして10分なじませる。
＊にんじんとオレンジでも。

さつまいもとリンゴのマーマレード煮

材料（1人分）
さつまいも…中1/2本（100g）
リンゴ…1/4個
A［水…100cc
マーマレードジャム…小さじ1
塩…小さじ1/4
砂糖…小さじ1
レモン汁…小さじ2］

作り方
1. さつまいもは1センチ角のさいの目に切って水にさらす。リンゴも同じくらいの大きさに切る。
2. 小なべに**1**とAを入れて中火にかけ、さつまいもに火が通って煮汁が少なくなるまで10分ほど弱火で煮る。
＊マーマレードのかわりにゆずジャムでもOK。

グレープフルーツとセロリのサラダ

材料（2人分）
グレープフルーツ…1個
セロリ…1/2本
塩…少々
A［エキストラバージンオイル…小さじ2
ブラックペパー…少々］

作り方
1. セロリは斜めに薄切りにしてボウルに入れ、塩を振ってしばらくおき、しんなりしてきたらギュッと絞る（塩を洗い流さない）。グレープフルーツは皮をむいて実だけを取り出す。
2. セロリとグレープフルーツを合わせ、Aを加えて和える。

キャベツとにんじんのコールスロー

材料（1人分）
キャベツの葉…大1枚
にんじん…1/10本（20g）
塩…少々
A［メイプルシロップ…小さじ1/2
レモン汁…小さじ1
マヨネーズ…大さじ1
ブラックペパー…少々］

作り方
1. キャベツは1センチ幅に、にんじんは千切りにして同じボウルに入れ、塩を振って少し揉み、しんなりしてきたらギュッと絞る。
2. Aを加えてよく混ぜる。
＊にんじんは彩りなので入れなくても可。コーンを入れても。

さつまいものスイートサラダ

材料（1人分）
さつまいも…中1本（200g）
A［レーズン…大さじ1
塩…少々
メイプルシロップ…小さじ1
レモン汁…小さじ1］
マヨネーズ…大さじ2

作り方
1. さつまいもは皮をむいて水にさらし、かぶるくらいの水と塩（分量外）を入れて水から煮る。
2. 串がスッと通るようになったら湯を捨て、コンロの上でゆすって水分を飛ばし、Aを混ぜて粗熱を取る。最後にマヨネーズを混ぜる。
＊クリームチーズを入れてもおいしい。

リンゴとキャベツのサラダ

材料（1人分）
リンゴ…1/4個
キャベツの葉…大1枚
塩…少々
A［粒マスタード…小さじ1/2
エキストラバージンオイル、レモン汁
…各小さじ1］

作り方
1. キャベツは3センチ角くらいに、リンゴも同じくらいの大きさの薄切りにする。
2. キャベツは塩を振って揉み、しんなりしてきたらギュッと絞ってボウルに入れる。
3. 2のボウルに**1**のリンゴとAを加えて和える。
＊ハムを入れても。

かぼちゃのハニーナッツサラダ

材料（2人分）
かぼちゃ…1/8個
クリームチーズ（個包装の物）…2個
A［塩…少々
はちみつ…小さじ2
くるみ…大さじ2］

作り方
1. かぼちゃは角切りにし、ひたひたの水と塩（分量外）を入れて水から煮る。くるみは粗く刻む。クリームチーズはさいの目に切る。
2. 串がスッと通るようになったら湯を捨て、水分を飛ばす。粗熱が取れたらAとクリームチーズを加えて和える。
＊さつまいもでもOK。

column

長女なーさんとお弁当

長女なーさんの通学カバンにはびっくりするくらいたくさんの
食品サンプルがぶら下がっている。
まるで本物かと見紛うようなぷるぷるの目玉焼きに新鮮な……
いや新鮮そうに見える甘エビの刺身、
サクサクに揚がった（ように見える）かぼちゃの天ぷら、
くし形に切ったトマト、甘辛いたれがジュワッと染み込んだ手羽先に、
ごはんが欲しくなるようなちょうど良い焼き加減の塩鮭の切り身。

体型に厳しい部活に所属しているため、どんな時でも常に体重を管理し、
口にするすべての食べ物のカロリーを気にし、
太ってはいけないと思うがあまり常に飢えている気がして
(気がするだけなんだけど。制限されればされるほど飢えてる気がするものだよね)、
だからこうして無意識に食べ物を、
リアルなおもちゃだけど身の周りに置いてしまうのかもしれない……

が、実際には大体３時間目の途中くらいでおなかが空いてくると、この食品サンプルを眺め、
想像の中で食べた気になって（！）授業を受けるんだそうだ。
そして、
“ああ、あと１時間頑張れば、母さんが朝作ってくれたあの弁当が食べられる、
あともう少し頑張ろう、弁当の時間はもうすぐ……”と
午前中は過ごすんだそうだ。

だから！　と、娘は語気を強めた。

「だからいい弁当を作ってや！！！！！！！
悲しい弁当は食べたくないねん！！！！！！！
最高においしい弁当が食べたいねん！！！！！
そんだけ楽しみにしてるってことをちゃんと考えてや！！！！！！」

来年にはいよいよ高校生になる長女。
あときっちり３年半は弁当は続く
(もしかしたら、そのあとも)。

第2章

時短のワザ

この章では朝のお弁当作りの時間を短くするための、
いろんな裏ワザをご紹介します。このワザを駆使すれば、
朝10分で、余裕で完成します！

Rule 1　電子レンジでおかず3品を同時に作る！
Rule 2　魚焼きグリルでおかず3品を同時に作る！
Rule 3　寝ている間にできているポリ袋漬けレシピ
Rule 4　お湯を注ぐだけでお昼に食べごろ　スープジャーレシピ
Rule 5　週末作って朝つめるだけ！　常備菜レシピ

Rule 1 電子レンジでおかず3品を同時に作る!

おかずを電子レンジで3品同時に
仕上げれば、スーパー時短に。
最初に味付けしてから加熱するもの、
加熱してから味付けするものという
違いはあるけど、いずれも
ラップやクッキングシートの中で
調味するので洗い物もほぼなしです！

ピーマンの肉詰め

材料（1人分）
ピーマン…2個
鶏ひき肉…100g
薄力粉、白ごま…各少々
A ┌ パン粉、マヨネーズ…各大さじ1
　│ オイスターソース…小さじ1
　└ 塩、コショウ…各少々

作り方
1. ピーマンは半分に切って種を取り除いて内側に薄力粉を薄くまぶす。ひき肉はボウルに入れてAを混ぜる。
2. ピーマンに肉だねを詰め、肉の面にごまを押し付ける。クッキングシートに並べてキャンディー包みにする。→☆へ

レンジラタトゥイユ

材料（1人分）
ナス…1/2本
プチトマト…3個
玉ねぎ…1/4個
ベーコン…1枚
塩…ひとつまみ
エキストラバージンオイル…大さじ1/2
ハーブミックス…少々

作り方
1. ナスは乱切り、プチトマトは半分に、玉ねぎはくし形に、ベーコンは1センチ幅に切る。クッキングシートに材料をすべて入れ（写真①）、キャンディー包みにする。
→☆へ

さつまいものレモンバター蒸し

材料（1人分）
さつまいも…小1/2本（80g）
A ┌ バター…5g
　│ レモン汁…小さじ1
　└ 塩…少々

作り方
1. さつまいもは7ミリくらいの厚みの輪切りにして水にさらす。
2. ラップに包む（写真②）。→☆へ
3. 加熱が終わったらAで和える（写真④）。

共通工程☆ 耐熱皿に3品を並べ（写真③）、電子レンジで6分加熱する。

Point

1
加熱前に味付けする場合はクッキングシートの上で調味料を加える。

2
しっとり仕上げたいものは、ラップで包む（カラリと仕上げたいものはクッキングシートでキャンディー包みに）。

3
3品を同じ耐熱皿にのせて、このまま電子レンジへ。

4
加熱後に味付けする場合は熱いうちにラップの上で調味し、冷めるまで放置。

電子レンジ仕上げと思えない豪華さ

ピーマンの肉詰め弁当

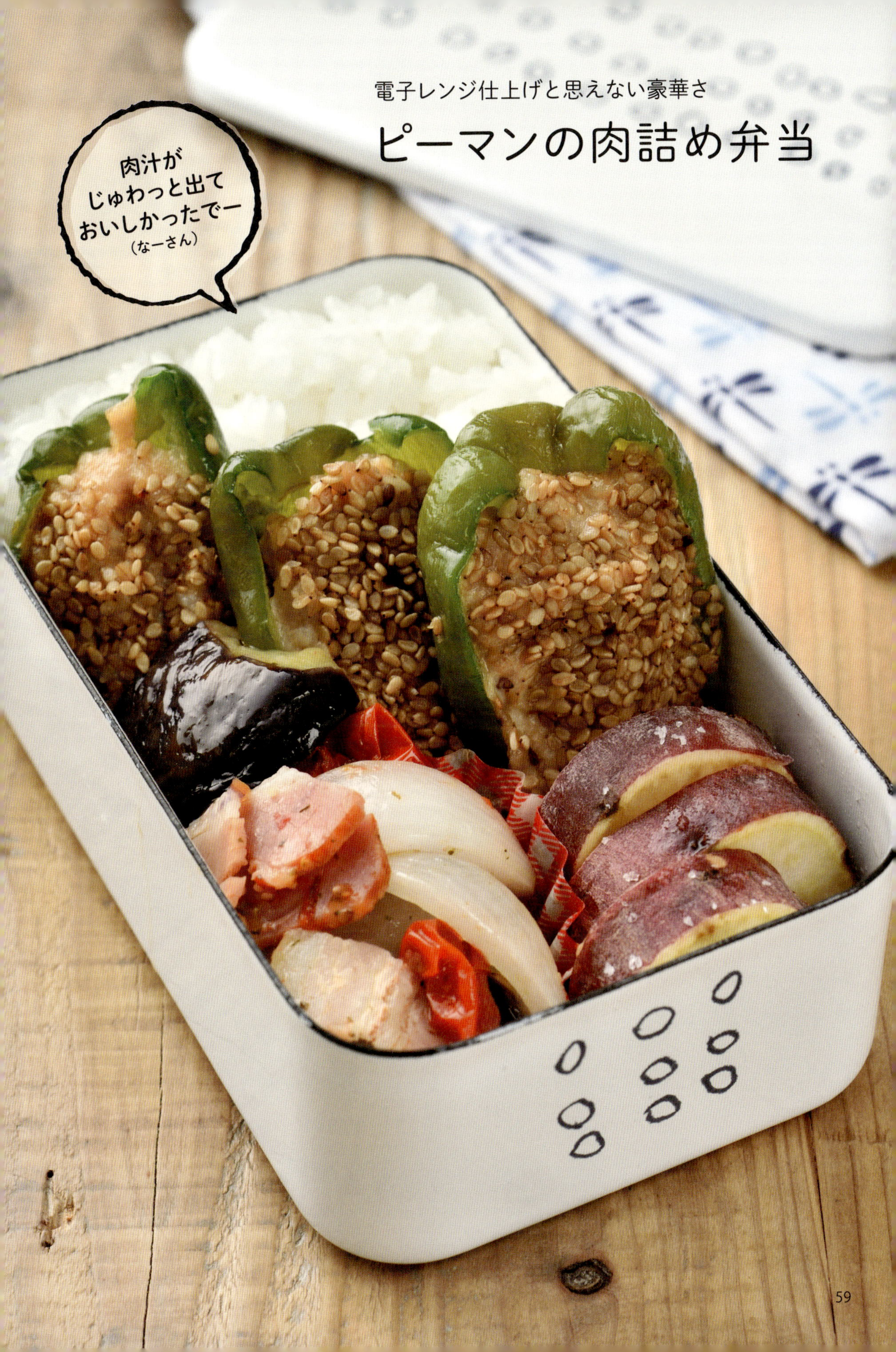
肉汁が
じゅわっと出て
おいしかったでー
(なーさん)

野菜たっぷりでさっぱり
ジンジャーサーモン弁当

ジンジャーサーモン

材料（1人分）
生鮭…1切れ（120g）
塩、コショウ、薄力粉…各少々
A［生姜（すりおろし）…小さじ1
　めんつゆ…大さじ1
　バター…5g

作り方
1. 生鮭は半分に切って塩、コショウを振り、全体に薄力粉をまぶす。
2. クッキングシートに**1**をのせ、Aを振りかける。→☆へ

きのこのおかか煮

材料（1人分）
しめじ…1/2袋
エリンギ…1本
A［かつおぶし…1/2袋
　塩…少々

作り方
1. しめじは石づきを取って小房に分け、エリンギは食べやすく切り、ラップに包む。→☆へ
2. 加熱が終わったらラップを開けてAを混ぜる。

ナスとピーマンのポン酢絡め

材料（1人分）
ナス…小1本
ピーマン…1個
A［ごま油、ポン酢…各小さじ1
　塩…少々

作り方
1. ナスは乱切り、ピーマンは種を取って乱切りにし、ラップに包む。→☆へ
2. 加熱が終わったらAで和える。

共通工程 ☆　3つを耐熱皿に並べ、電子レンジで5分加熱する。

なーさんの
好きなもん
ばっかりや!
(なーさん)

"炒め"風弁当もレンジでOK

豚肉とピーマンの細切り炒め弁当

豚肉とピーマンの細切り炒め

材料(1人分)
豚薄切り肉…3～4枚(80g)
ピーマン…1個
A ［生姜(すりおろし)…小さじ1
　 みりん、しょうゆ、片栗粉、ごま油
　 …各小さじ1

作り方
1. 豚肉は細切りに、ピーマンも細切りにする。肉にAを絡めてクッキングシートにのせ、その上にピーマンを重ねてキャンディー包みにする。→☆へ
2. 加熱が終わったら肉をよくほぐしながらピーマンと混ぜる。

じゃがいものツナ煮

材料(1人分)
じゃがいも…1個
ツナ缶…1/3缶
みりん、しょうゆ…各小さじ1

作り方
1. じゃがいもは3センチ角くらいに切って水にくぐらせ、クッキングシートにのせる。ツナものせて、みりん、しょうゆを振ってキャンディー包みにする。→☆へ

セロリのからし和え

材料(1人分)
セロリ…1/4本
A ［からし…小さじ1/2
　 塩…少々
　 すりごま…小さじ1

作り方
1. セロリは乱切りにしてラップに包む。→☆へ
2. 加熱が終わったらAで和える。

共通工程☆ 3つを耐熱皿に並べ、電子レンジで5分加熱する。

Rule 1 電子レンジでおかず3品を同時に作る!

Rule 2 魚焼きグリルでおかず3品を同時に作る！

電子レンジと共に時短に欠かせないのが
魚焼きグリル。
香ばしく焼きたい時や、野菜の甘みを
引き出したい時に最適です。
ホイルにのせる、または包む、
そして調味料も、先付け、後付けなどの
バリエーションはありますが、
グリルもお皿も汚れず、ほうっておく
だけで完成する簡単メニューです。

豚肉の白だし焼き

材料（１人分）
豚薄切り肉…３～４枚（80g）
塩、コショウ…各少々
玉ねぎ…1/2 個
A ┌白だし…大さじ１
　│すりごま…小さじ１
　│ごま油…小さじ１
　└からし…小さじ 1/2

作り方
1. 玉ねぎは１センチ幅に繊維に逆らって切る。
2. ホイルに玉ねぎを並べ、豚肉を広げて塩、コショウを振り、Ａを揉みこみ（写真①）、包む。→☆へ

目玉焼き

材料（１人分）
卵…１個
サラダ油…少々

作り方
1. ホイルにサラダ油をぬって卵を割りいれる。ホイルは包まず開けたまま（写真②）。→☆へ
2. ３分経ったら取り出す。

焼きアスパラとベーコンのサラダ

材料（１人分）
アスパラガス…３本
ベーコン…１枚
Ａ［粒マスタード、マヨネーズ…各小さじ１］

作り方
1. アスパラガスは根元の皮をむき、３等分の長さに切る。ベーコンは１センチ幅に切る。
2. ホイルで **1** を包む。→☆へ
3. 加熱が終わったら、Ａで和える（写真④）。

共通工程 ☆ 魚焼きグリルに３つを並べ（写真③）、中火で７分加熱する（卵のみ３分で取り出す）。

Point

魚焼きグリルでは、「くっつかないホイル」を利用すると便利（普通のホイルでも油をひけばできます）。

1 加熱前に味付けする場合はホイルの上で調味料を和える。

2 目玉焼きはホイルを開いた状態で加熱する。焦げ目をつけ香ばしく焼き上げたいものはホイルを開いてグリルへ。

3 開けたホイル、包んだホイルを魚焼きグリルに並べて一度に加熱する。

4 加熱後に味付けする場合は、熱いうちにホイルの上で調味し、冷めるまで放置。

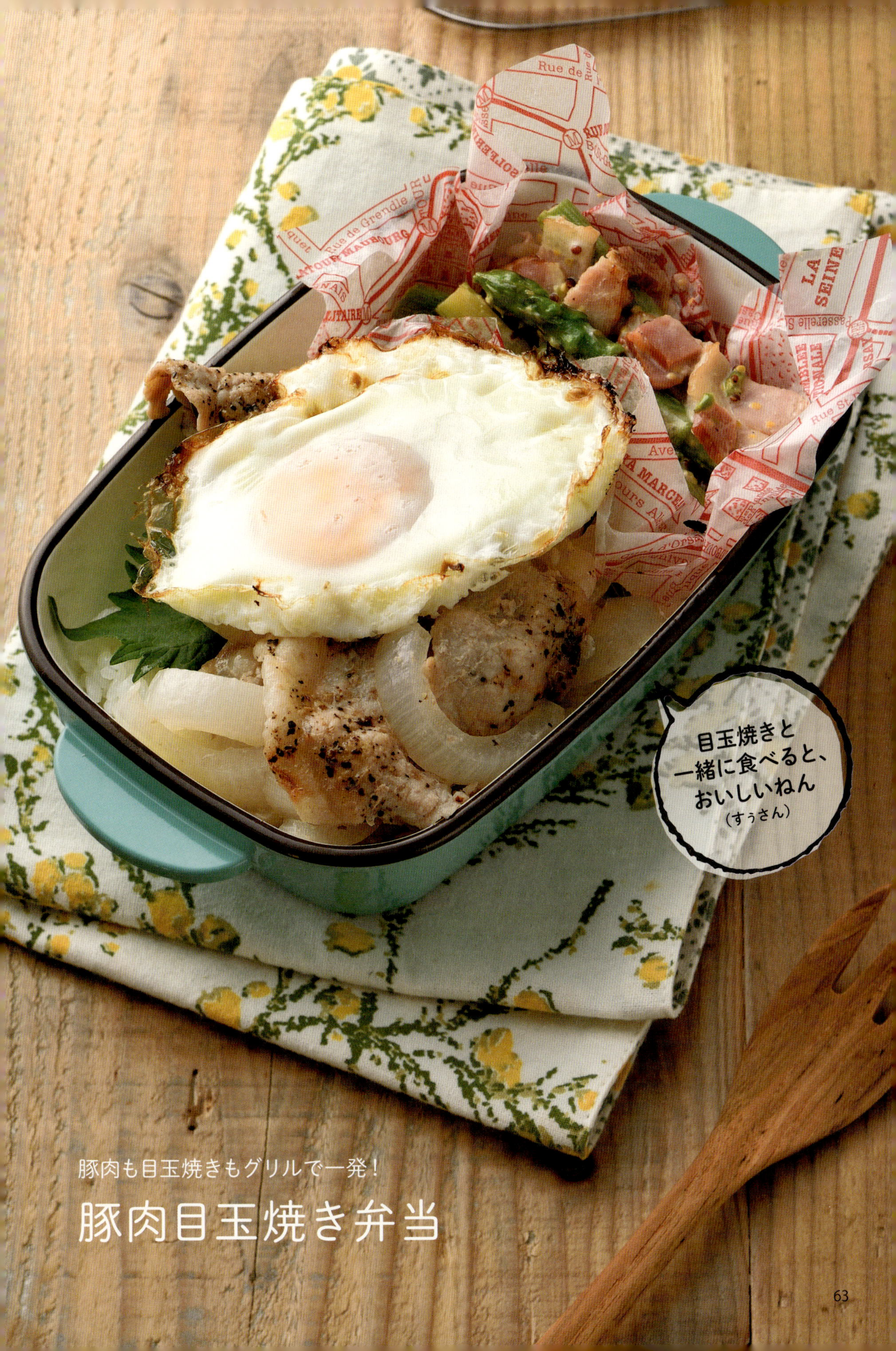
目玉焼きと
一緒に食べると、
おいしいねん
（すぅさん）

豚肉も目玉焼きもグリルで一発！

豚肉目玉焼き弁当

粉チーズ風味の衣がおいしい

さくさく ささみフライ弁当

ささみフライ

材料（1人分）
ささみ…2本
A［薄力粉…小さじ1
　マヨネーズ…小さじ2
　塩、コショウ…各少々
B［パン粉…大さじ2
　粉チーズ…小さじ1/2
　サラダ油…小さじ2

作り方
1. ささみは筋をひいて細長く斜めに2等分に切り、Aに絡めたあとBをまぶしてホイルの上に並べる。ホイルは包まず開けたまま →☆へ

焼ききのこのおかかしょうゆ

材料（1人分）
しいたけ…2個
えのき…小1/2袋
A［かつおぶし…1/2袋
　しょうゆ…小さじ1

作り方
1. しいたけとえのきは石づきを取って食べやすく切り、ホイルに包む。→☆へ
2. 加熱が終わったらAで和える。

キャベツのみそわさび

材料（1人分）
キャベツの葉…2枚
A［みそ、わさび…各小さじ1/2
　マヨネーズ…小さじ1

作り方
1. キャベツは2センチ角に切ってホイルに包む。→☆へ
2. 加熱が終わったらAで和える。

共通工程☆ 魚焼きグリルに3つを乗せ、中火で7分加熱する。途中、ささみのフライをひっくり返す。

ゆで卵もグリルでできるんです♪

ナスハンバーグ弁当

ナスハンバーグ

材料（1人分）
合いびき肉…100g
ナス…1/2本
A［みそ…小さじ1
　 パン粉…大さじ2
　 塩、コショウ…各少々

作り方
1. ナスはさいの目に切ってひき肉とAと混ぜて丸め、ホイルに包む。→☆へ

グリルでゆで卵

材料（1人分）
卵…1個
塩…少々

作り方
1. 卵は室温に戻したものを使用。ホイルに包む。→☆へ
2. 加熱が終わったらホイルに包んだまま10分余熱でおく。
3. カラをむいて半分に切り、塩を振る。

かぼちゃサラダ

材料（1人分）
かぼちゃ…1/8個
A［はちみつ…小さじ1
　 塩、カレー粉、レーズン…各少々

作り方
1. かぼちゃは3ミリ幅くらいの薄切りにし、ホイルに包む。→☆へ
2. 加熱が終わったらAで和える。

共通工程 ☆ 魚焼きグリルに3つをのせ、中火で8分加熱する。

Rule 2 魚焼きグリルでおかず3品を同時に作る!

Rule 3

寝ている間にできている

ポリ袋漬けレシピ

ジッパー付きポリ袋に素材と調味料を入れて
冷蔵庫で一晩おくだけで、一品できあがり。
前日の夕食を作るついでに作っておけばラクラク！

Point

1
ポリ袋に素材と調味料を入れて……。

2
調味料がいきわたるように軽く揉む。

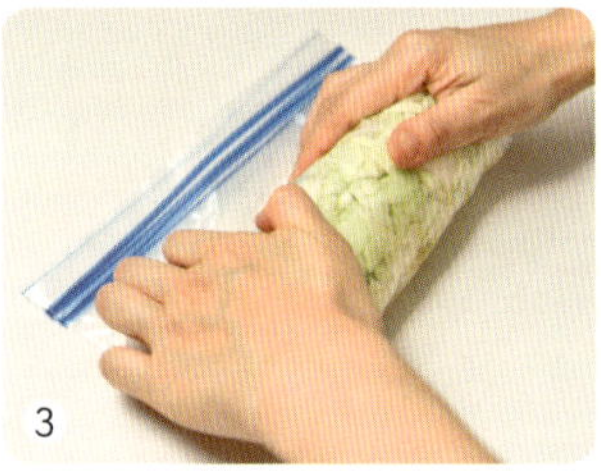
3
ジッパーを開けたまま、汁がこぼれないように注意しながら空気を抜いていく。

4
空気を抜いた状態のままジッパーを閉める。

保存…冷蔵で 5 日間

キャベツのさっぱり白だし漬け

材料（4人分）
キャベツの葉…3枚
白だし…大さじ 2
米酢…大さじ 1

作り方
1. キャベツは一口サイズに切る。
2. ポリ袋にすべて入れ、冷蔵庫で一晩おく。
＊白菜でも作れます。アクセントにわさびや柚子胡椒を入れても。

保存…冷蔵で 5 日間

大根のレモン漬け

材料（4人分）
大根…5 センチ（250g）
レモン…1/4 個
塩…小さじ 1/2
砂糖…小さじ 1

作り方
1. 大根は皮をむいていちょう切りにする。
レモンは薄切りにする。
2. ポリ袋にすべて入れ、冷蔵庫で一晩おく。
＊かぶでもおいしい。

にんじんの中華風漬け

材料（4 人分）
にんじん…1 本（200g）
砂糖…小さじ 2
しょうゆ…大さじ 1
鷹の爪…1 本
ごま油…小さじ 1

作り方
1. にんじんは半月に切る。
2. ポリ袋にすべて入れ、冷蔵庫で一晩おく。
＊鷹の爪はラー油や一味でも代用可。

きゅうりのめんつゆ生姜漬け

材料（4 人分）
きゅうり…3 本
めんつゆ…大さじ 3
生姜（チューブ）…小さじ 2
ごま油…小さじ 1

作り方
1. きゅうりはスティック状に切り、塩少々（分量外）を振ってしんなりするまでおく。
2. きゅうりの水分を絞り、ポリ袋に材料すべてを入れ、冷蔵庫で一晩おく。
＊大根でもおいしい。

小松菜のからし漬け

材料（2 人分）
小松菜…1/2 束（2 株）
塩…ひとつまみ
砂糖…小さじ 1
しょうゆ…小さじ 2
からし…小さじ 2

作り方
1. 小松菜は 4 センチ長さに切る。
2. ポリ袋にすべて入れ、冷蔵庫で一晩おく。
＊かぶの葉や、大根の葉、チンゲン菜でも代用できる。

ごぼうのごま和え

材料（4 人分）
ごぼう…2 本
A［塩…小さじ 1/2
　 砂糖、しょうゆ、米酢…各大さじ 1
　 すりごま…大さじ 2

作り方
1. ごぼうは皮をこそげて 5 センチ長さのスティック状に切り、さっと水にさらす。
2. 鍋に湯を沸かし、**1** のごぼうを 3 分ほどゆでてざるにあける。
3. **2** のごぼうと A をポリ袋に入れ、粗熱が取れたら冷蔵庫に入れて一晩おく。
＊にんじんを一緒に入れてもおいしい。

Rule 4

お湯を注ぐだけでお昼に食べごろ

スープジャーレシピ

材料をスープジャーに入れて熱湯を注ぐだけ！
お昼ごろには、おいしいスープができています。
簡単＆ヘルシーで、ダイエット中の女子にもおすすめ。

Point

まずは材料を全部
スープジャーに入れて……。

熱湯を注ぎ、すぐにふたを
閉めれば出来上がり。
（作って５時間を過ぎると
だんだんぬるくなります）

＊容量 250cc のスープ
ジャーを使っています。

和風

春雨入り梅のお吸い物

材料（１人分）
塩昆布…ひとつまみ
梅干し…１個
白ごま…小さじ１
春雨…10g
青ねぎ（小口切り）…少々
熱湯…200cc

作り方
1. 材料をすべてスープジャーに入れ、熱湯を注いでふたを閉める。
＊春雨は、カット済みの戻さず使えるタイプを使用しています。

中華風

桜えび香る中華スープ

材料（１人分）
桜えび…小さじ１
乾燥カットわかめ
…小さじ１
ごま油…小さじ１
青ねぎ（小口切り）…少々
塩…小さじ 1/3
熱湯…200cc

作り方
1. 材料をすべてスープジャーに入れ、熱湯を注いでふたを閉める。

たっぷりキャベツのスープ

材料（1人分）
キャベツの葉…1枚
白だし…大さじ1
すりごま…小さじ1
ごま油…小さじ1
熱湯…200cc

作り方
1. キャベツは食べやすい大きさに切る。
2. 材料をすべてスープジャーに入れ、熱湯を注いでふたを閉める。

プチトマトとコーンのチーズスープ

材料（1人分）
プチトマト…3個
冷凍コーン…大さじ1
塩昆布…ひとつまみ
コショウ…少々
プロセスチーズ…1枚
熱湯…200cc

作り方
1. プチトマトは半分に切る。
2. 材料をすべてスープジャーに入れ、熱湯を注いでふたを閉める。

きのこのコク旨オニオンスープ

材料（1人分）
フライドオニオン…大さじ1
しめじ…1/3袋
かつおぶし…ひとつまみ
しょうゆ…小さじ1/2
塩…ひとつまみ
熱湯…200cc

作り方
1. しめじは石づきを取って小房に分ける。
2. そのほかの材料と一緒にスープジャーに入れ、熱湯を注いでふたを閉める。

マカロニコーンのカレースープ

材料（1人分）
冷凍コーン…大さじ1
早ゆでマカロニ…大さじ2
フライドオニオン…大さじ1
カレー粉…小さじ1/2
かつおぶし…ひとつまみ
塩…ひとつまみ
熱湯…200cc

作り方
1. 材料をすべてスープジャーに入れ、熱湯を注いでふたを閉める。

Rule 5

週末作って
朝つめるだけ！

常備菜レシピ

時間のある時に作っておけば安心。
傷まないように、保存容器や
箸などは、清潔なものを使って。

韓国風きんぴらごぼう

材料（4人分）
ごぼう…1本
にんじん…小1本（150g）
牛切り落とし肉…100g
ごま油…大さじ1
A［砂糖…小さじ2
　コチュジャン…小さじ2
　みりん、しょうゆ…各大さじ1

作り方
1. ごぼうとにんじんはそれぞれ千切りに、牛肉も1センチ長さに切る。
2. フライパンにごま油をひいて熱し、牛肉を入れて炒める。色が変わったらごぼうとにんじんを入れて全体がしんなりするまで炒める。
3. Aを加えて汁けがなくなるまで照りよく炒める。冷まして保存容器に入れて冷蔵庫で保存。

保存…冷蔵で5日間

保存…冷蔵で5日間

ささみのレンチンオイル蒸し

材料（3人分）
ささみ…3本
塩、砂糖…各少々
オリーブオイル…大さじ1

作り方
1. ささみは筋をひき、両面にまんべんなく塩と砂糖をうっすらと振り、耐熱容器に入れてそのまま室温で15分おく。
2. オリーブオイルを回しかけ、ふんわりとラップをかけてレンジで2分加熱し、肉を裏返してさらに1分加熱する。ラップをかけたまま30分ほど余熱でおいておく。
3. フォークで粗くさき、保存容器に入れて冷蔵庫で保存。

さつまいもの甘煮

材料（4人分）
さつまいも…2本
水…200cc
A［砂糖…大さじ2
　塩…小さじ1/2
　しょうゆ…小さじ1/2

作り方
1. さつまいもは両端を切り落とし、皮を縞目にピーラーでむく。1.5センチくらいの厚みの輪切りにし、水にさらす。
2. 鍋に**1**のさつまいもと水を入れ、Aを加えて火にかける。煮立ったら弱火にし、落としぶたをして12，3分ほど煮る。冷めたら保存容器に入れて冷蔵庫で保存。

保存…冷蔵で5日間

レンコンのオイスターソース炒め

保存…冷蔵で5日間

材料（4人分）
レンコン…250g
ごま油…大さじ1
A［オイスターソース…大さじ1
　砂糖、しょうゆ、米酢…各小さじ1

作り方
1. レンコンは皮をむいて薄切りにし、水にさらす。
2. フライパンにごま油をひいて熱し、**1**のレンコンを透き通るまで炒める。Aを加えて汁けがなくなるまで煮詰める。冷まして保存容器に入れて冷蔵庫で保存。

きのこの粒マスタードマリネ

材料（4人分）
しめじ…1パック
まいたけ…1パック
ベーコン…50g
オリーブオイル…大さじ1
A［白だし…大さじ2
　粒マスタード…小さじ1
　ワインビネガー…大さじ1
　ニンニク（すりおろし）…少々

作り方
1. しめじは石づきを取って小房に分け、まいたけは食べやすい大きさに切り分ける。
2. 鍋にオリーブオイルをひいて**1**のきのこをしんなりするまで炒め、細く切ったベーコンとAを加えて1分ほど炒め、火を止める。冷まして保存容器に入れて冷蔵庫で保存。

保存…冷蔵で5日間

きのこの旨煮

材料（4人分）
まいたけ…100g
エリンギ…100g
A［みりん、しょうゆ…各大さじ 1
　 桜えび…大さじ 1

作り方
1. まいたけ、エリンギはそれぞれ食べやすい大きさに切る。
2. 鍋に 1 のきのこと A を入れて火にかける。時折かき混ぜながらきのこのかさが減ってしんなりするまで煮詰める。冷めたら保存容器に入れて冷蔵庫で保存。

保存…冷蔵で 5 日間

保存…冷蔵で 3 日間

チンゲン菜のごま塩ナムル

材料（4人分）
チンゲン菜…2 株
A［塩…小さじ 1/2
　 すりごま…大さじ 1
　 ごま油…大さじ 1

作り方
1. チンゲン菜は 3 センチ長さに切る。根元はくし形に切る。
2. 鍋に湯を沸かし、塩（分量外）を少々加えて 1 を色よくゆでる。流水にとって水気を絞る。
3. ボウルに入れ、A で和える。保存容器に入れて冷蔵庫で保存。

お揚げの炊いたん

材料（4人分）
油揚げ（薄揚げ）…4 枚
A［水…200cc
　 砂糖…大さじ 2
　 しょうゆ…小さじ 1

作り方
1. 油揚げはざるに並べて熱湯を回しかけてキッチンペーパーで押さえ、油抜きする。これを 3 センチ角くらいに切る。
2. 鍋に 1 の油揚げと A を入れて火にかける。中火から弱火で 10 分ほど煮含める。冷めたら保存容器に入れて冷蔵庫で保存。

保存…冷蔵で 5 日間

根菜の甘辛

材料（4人分）
ごぼう…1 本
にんじん…1 本（200g）
片栗粉、サラダ油、白ごま…各適量
A［砂糖…大さじ 2
　 水…大さじ 1
　 しょうゆ…小さじ 2
　 米酢…小さじ 1

作り方
1. ごぼうとにんじんはそれぞれ 4 センチ長さのスティック状に切り、ビニール袋に片栗粉とともに入れて振り混ぜ、粉をまぶす。
2. フライパンに 5 ミリくらいの深さまでサラダ油を入れて熱し、1 をばらばらにして入れる。こんがりと焦げ目がついて軽くなるまで時折動かしながら揚げ、バットに取りだす。
3. フライパンの油を拭き、A を入れる。弱火にかけ、ぶくぶくしてきたら 2 のごぼうとにんじんを戻し入れ、全体に絡めて火を止め、白ごまを振る。冷めたら保存容器に入れて冷蔵庫で保存。

保存…冷蔵で 5 日間

味付き卵

材料（4 つ分）
卵…4 個
A［水…100cc
　 塩…ひとつまみ
　 みりん、しょうゆ…各大さじ 1
　 かつおぶし…1 パック

作り方
1. 卵は室温に戻しておく。鍋にたっぷりの湯を沸かす。A を別の小鍋に煮立てて冷ましておく。
2. 沸騰した湯に卵をゆっくりと入れ、7 分ゆでて冷水に取る。
3. 2 の卵の殻をむき、1 のだし汁に漬ける。半日くらいおいて味をなじませる。冷めたらだし汁ごと保存容器に入れて冷蔵庫で保存。

保存…冷蔵で 3 日間

揚げナスとパプリカの生姜じょうゆ

保存…冷蔵で 5 日間

材料（4人分）
長ナス…2 本
パプリカ（黄）…1 個
サラダ油…適量
A［生姜（すりおろし）…1 かけ
　 砂糖…小さじ 1
　 しょうゆ…大さじ 1 と 1/2

作り方
1. ナスはスティック状に切り、塩水（分量外）に 1 分ほど漬け、しっかり水気を絞る。パプリカは 2 センチ角に切る。A をバットなどに混ぜておく。
2. フライパンに多めのサラダ油をひいて温め、1 のナスを広げて入れる。焦げ目がついたらひっくり返しながら火が通るまで焼き、1 のバットに入れる。あいたフライパンにパプリカを入れて炒め、ナスを入れたバットへ入れて軽く混ぜ合わせ、30 分ほどなじませる。冷めたら保存容器に入れて冷蔵庫で保存。

column

次女すぅとお弁当

次女すぅさんのその反抗っぷりに母さんが手を焼き始めて、すでに２年以上は経っている。
小さいころはそりゃあかわいくて、かなり大きくなるまで
母さんの自転車の後部座席はすぅだけの特等席だったし、
外出先で「疲れたぁ〜歩きたくない〜母さんおんぶー」とぶら下がってくるのは
あの子だけだったし、家でも母さんが台所で忙しくしていても
自分が構ってほしくなれば構わずおんぶをせがんだものよのぅ（さすが末っ子）。

それが今はといえば。


そのかわいらしい口から母さんに向かって飛び出す言葉は、

「ださっ」

「おなかヤバっ」

憎まれ口ばかり。


たまに弁当を作ってやっても、感謝の言葉やいたわりの言葉は一切ない。


そんなすぅ、先日部活の尊敬する先輩にそのお弁当を覗かれ、

「めっちゃおいしそう！」

とほめてもらえたんだそうだ。

その日のおかずはすぅの大好きな落とし焼き（豚ひき肉、長芋などを卵と小麦粉と
混ぜて焼いたもの）だったのだが、３枚入っているうちの大事な１枚を
大好きなその先輩に献上したすぅ。

「『天国に上るくらいおいしい！』って言ってたで」

と帰ってきてからその話を得意げにしていたので、

「あ、そうなんだ」

と軽めに相槌を打ったところ、

「ちょっと！　先輩が、『天国に上るくらいおいしい！』って言ったんやで！！！！！

凄いやろ！！！　もっとびっくりして！！！！！！　もっと喜んで！！！！！！！！」

と怒られた。

あ、そうか。
すぅは自分の言葉では恥ずかしくて母さんに
感謝の言葉を表せない代わりに、
今はこうして他の人の言葉を借りて母さんに
ありがとうを伝えているんだなと。

……照れ屋なのは誰かさんに、とっても似ている。

第3章

かわいいのコツ

シビアな“女子”にほめられるには、おいしいだけじゃダメ。
「かわいい」お弁当であることもポイントです。
この章では、お弁当をかわいくするヒントをご紹介します。

Tips 1　“6色そぼろ丼”
Tips 2　“おにぎらず”が話題です
Tips 3　“のっけ丼”の謎！
お弁当をかわいくするちょっとしたコツ10連発

Tips 1

みんなに自慢したい
かわいすぎる

“6色そぼろ丼”

少量のそぼろを一品ずつ作るのが面倒なイメージのそぼろ丼。
でもかな姐さん流なら、レンジ・グリル・コンロの
同時フル活用で、10分で6色のそぼろ丼ができちゃいます！
そぼろの具はp78～79も参考に、お好みで変えてもOKです。

6色そぼろ丼

材料（1人分）

ブロッコリーそぼろ R
ブロッコリー…6切れ
A［かつおぶし…ひとつまみ
　しょうゆ…小さじ1/2

ナスそぼろ R
ナス…1/2本
B［ポン酢…小さじ2
　ごま油…小さじ1

じゃがいもそぼろ R
じゃがいも…1個
C［すりごま…小さじ1
　塩…少々
　ごま油…小さじ1

パプリカそぼろ G
パプリカ…1/4個
D［塩…少々］

カレーそぼろ
合いびき肉…100g
サラダ油…少々
F［みりん、しょうゆ…各小さじ1
　カレー粉…小さじ1/2

卵そぼろ
卵…1個
サラダ油…少々
E［塩、砂糖…各少々］

ごはん…適量

作り方

1. ブロッコリーは小さめの小房に分け、ナスは1.5センチ角くらいに切る。じゃがいもは1センチ角くらいに切ってさっと水にくぐらせ、それぞれ、別のラップにくるむ。
2. パプリカは1.5センチ角に切って、ホイルに包む。
3. 1を耐熱皿の上に並べ（写真①）、電子レンジで3分加熱する。2は魚焼きグリルで3分焼く。
4. 加熱が終わったら、ブロッコリーはA（写真②）、ナスはB、じゃがいもはC、パプリカはD（写真③）でそれぞれ調味して、冷ます。
5. 冷ましている間に、フライパンにサラダ油をひいて熱し、ひき肉の色が変わるまで炒め、Fを加えてなじむまで炒め、火を止める。
6. ボウルに卵とEを入れて溶きほぐし、サラダ油をひいて熱したフライパンに流し入れてかき混ぜながら加熱し、取り出す。
7. ごはんの上にそれぞれの具をきれいにのせていく。（写真④＆⑤）

Point

1
電子レンジを使用するものは、ラップにくるんで一度に加熱。

2
電子レンジ加熱が終わったら、ラップの中で調味。汚れ物も出ない。

3
グリル加熱が終わったら、ホイルの中で調味。

4
細かいそぼろはスプーンで、大きなそぼろは箸で、端からのせていく。再調整できるよう、少し残しておく。

5
端まで詰めたら、表面が同じ高さになるよう、少し追加しながら調整する。

10分で完成！

6色そぼろ丼弁当

めっちゃ
旨かった！
ヤバかった！
いい弁当やった〜
（なーさん）

Tips 2

おいしい♥かわいい♥
食べやすい♥

“おにぎらず”が話題です！

今話題のにぎらないおにぎり“おにぎらず”は、女子中学生の心もワシづかみ。

どこを食べても具が入っていて、しかも一度に味わえる！　形も色味もかわいいといいことずくめ。

ワックスペーパーでひとつずつ巻いておけば、お友達にあげるのも簡単。

おにぎらず

材料（2 個分）

牛肉のからししょうゆ絡め

牛薄切り肉…4 枚（120g）
サラダ油…少々
A ［しょうゆ…小さじ 1
　 からし…小さじ 1/2

ごぼうのおかか炒め

ごぼう…1/4 本
サラダ油…少々
かつおぶし…1/2 袋
B ［砂糖…小さじ 1/2
　 みりん、しょうゆ…各小さじ 1
　 水…大さじ 2

玉子焼き

卵…2 個
塩、砂糖、サラダ油…各少々

大葉…2 枚
スライスチーズ…2 枚

ごはん…茶碗に軽く 2 杯
塩、ごま油…各少々
全型のり…2 枚

作り方

1. 牛肉は食べやすい大きさに切り、フライパンにサラダ油をひいて広げ入れ、両面こんがりと焼いて皿に取り出し、A を絡める。
2. ごぼうは千切りにしてさっと水にくぐらせ、サラダ油をひいたフライパンで炒め、全体に油が回ったら B を加えて炒め煮にする。汁けがなくなるまで煮詰め、かつおぶしを振って火を止める。
3. ボウルに卵と塩、砂糖を入れて溶き混ぜ、サラダ油をひいて熱した玉子焼き器に半量を流しいれてシート状に焼く。半分に折りたたんで皿に取りだす。これをもう 1 枚焼く（おにぎらずの大きさに合わせて端をカットする）。
4. ごはんに塩、ごま油を振ってよく混ぜる。
5. 全型のりを広げ、**4** のごはんの 1/4 量（1/2 膳分）をのせる（写真①）。
6. その上に玉子焼き、大葉、チーズ、ごぼう、牛肉（それぞれ 1/2 量）の順にのせ（写真②～③）、最後にごはん 1/4 量をのせて（写真④）のりを立ち上げて巻く（写真⑤～⑥）。巻き終わりを下にして置き（写真⑦）、のりがなじんだら半分にカットする（写真⑧）。これをあと 1 つ作る。

Point

のりの裏面（ざらざらした方）にごはん 1/2 膳分をなるべく四角く薄くのせる。

ごはんの上に玉子焼き、大葉……と順番にのせていく。

チーズ、ごぼう、牛肉をのせたら。

また 1/2 膳分のごはんを上にのせる。

のりの四つの角を折りたたんでいきます。

角を内側に織り込むようにするときれい。

巻き終わりを下にしてしばらく置く。

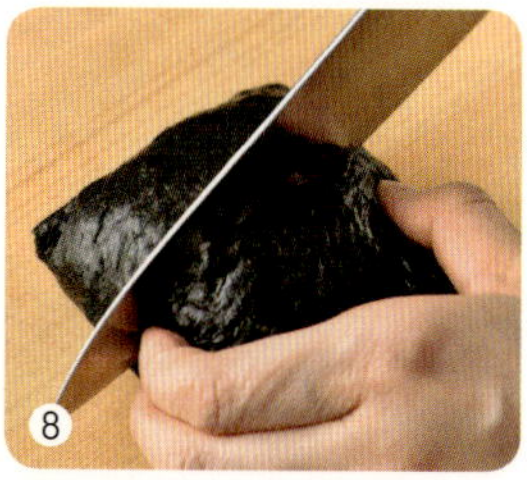

真ん中でカットする。

めっちゃ
おいしそうって
みんなに言われたで！
今度の持ちパ
（持ち寄りパーティ）
のときには
これ作ってなー！
（なーさん）

常備菜を活用しても簡単

おにぎらず弁当

そぼろ丼にもおにぎらずにも使える！
ごはんに合うそぼろ具材

そぼろ丼にもおにぎらずにも、もちろんおにぎりにも使える！　作り置いても便利です。

しめじの塩昆布煮 R

材料（1人分）
しめじ…1/2パック
A［塩昆布…箸でひとつまみ
　 みりん、しょうゆ…各小さじ1

作り方
1. しめじは石づきを取って小房に分け、耐熱容器に入れてAを入れ、ラップをかけて電子レンジで2分加熱する。
2. よく混ぜてなじませる。

ナスの塩ツナそぼろ R

材料（1人分）
ナス…小1本
ツナ缶…大さじ1
塩、コショウ…各少々

作り方
1. ナスは2センチ角に切り、耐熱容器に入れてラップをし、電子レンジで1分半加熱する。
2. ツナと塩、コショウを加えて混ぜ、さらに30秒加熱する。

いんげんの塩昆布バター R

材料（1人分）
いんげん…10本
バター…5g
塩昆布…ひとつまみ

作り方
1. いんげんはへたを切り落として3センチ長さに切り、耐熱容器に入れてラップをし、電子レンジで1分半加熱する。
2. 熱いうちにバターと塩昆布を加えてよく混ぜる。

にんじんのごまきんぴら

材料（1人分）
にんじん…1/3本（70g）
塩…少々
みりん、しょうゆ、ごま油、白ごま
　…各小さじ1

作り方
1. にんじんは千切りにする。
2. フライパンにごま油とにんじんを入れて火にかけ、しんなりするまで炒める。みりん、しょうゆを加えて汁けがなくなるまで炒め、仕上げに白ごまを振る。

ゆかりマヨ卵 R

材料（1人分）
卵…1個
ゆかり…小さじ1/2
マヨネーズ…大さじ1
砂糖…小さじ1/2

作り方
1. 耐熱マグカップなどに卵を割りいれる。ゆかり、マヨネーズ、砂糖を入れてフォークでよく溶く。
2. 電子レンジで50秒から1分加熱し、卵に火が通ったら適度に箸でかき混ぜて崩す。

ピーマンの
マヨカレー炒め

材料（1人分）
ピーマン…1個
マヨネーズ…小さじ1
カレー粉…少々
塩、コショウ…少々

作り方
1. ピーマンは千切りにする。
2. フライパンにマヨネーズとピーマンを入れて火にかける。しんなりするまで炒めたら、カレー粉と塩、コショウを振りかけて混ぜる。

柚子胡椒の鶏そぼろ

材料（1人分）
鶏ひき肉…100g
みりん…大さじ1
しょうゆ…大さじ1/2
柚子胡椒…小さじ1/2

作り方
1. 小鍋に柚子胡椒以外の材料を入れて菜箸でよく混ぜて火にかける。
2. かき混ぜながら肉に火が通るまで加熱し、火が通ったら火を止め、柚子胡椒を加えて混ぜる。

甘辛豚そぼろ

材料（1人分）
豚ひき肉…100g
ごま油…大さじ1/2
A［オイスターソース、しょうゆ…各大さじ1/2
砂糖…小さじ1
生姜（すりおろし）…小さじ1/2］

作り方
1. フライパンにごま油をひいて熱し、豚肉を炒める。
2. 色が変わったらAを加えて水分がなくなるまで煮詰める。

牛の梅ポンそぼろ

材料（1人分）
牛薄切り肉…100g
サラダ油…少々
A［砂糖…小さじ1
酒…小さじ1
ポン酢…大さじ1
梅干し…1個］

作り方
1. 牛肉は1センチ幅に切る。
2. フライパンにサラダ油をひいて熱し、牛肉をさっと炒める。色が変わったらAを加えて汁けがなくなるまで煮詰める。

サバ缶のからしみそそぼろ

材料（作りやすい分量　2人分くらい）
サバの水煮缶…1缶（190g）
A［砂糖、みそ…各大さじ1
からし、白ごま…各小さじ1］

作り方
1. サバ缶の水気を軽く切って小鍋に入れ、Aを加えて火にかける。
2. 水気がなくなるまで時折かき混ぜながら煮詰める。

豆腐そぼろ

材料（1人分）
木綿豆腐…150g
ごま油…大さじ1
塩…小さじ1/4
かつおぶし…1パック

作り方
1. 豆腐は軽く水気を切り、手で大まかに崩しながら小鍋に入れる。
2. ごま油を入れて火にかけ、水気を飛ばすように炒める。塩、かつおぶしを加えて混ぜ、火を止める。

しゃきしゃきセロリのみそマヨ R

材料（1人分）
セロリ…1/2本
ごま油…小さじ1
A［砂糖…小さじ1
みそ…小さじ1
マヨネーズ…小さじ1］

作り方
1. セロリは薄切りにする。耐熱容器にセロリを入れてごま油を回しかけ、ラップをして電子レンジで2分加熱する。
2. Aを加えてよく混ぜ、30秒加熱する。

Tips 3

おかずをドーンとのっければ
なぜかおいしそうに見える

“のっけ丼”の謎！

なんてことはないおかずでも、ごはんの上にドーンとのせるとなぜか
食欲をそそるおいしそうなお弁当になるから不思議。
おかずが 3 色揃っていると、最強の“おいしそう”弁当が完成。
のり、錦糸卵、紅生姜、大葉なども添えながらカラフルに！

サーモンのネギマヨのっけ丼
（+シシトウ+さつまいも+のり） G

材料（1 人分）
生鮭…1 切れ（120g）
塩…適量
A ┌ みそ、マヨネーズ…各小さじ 1
A │ 青ねぎ（小口切り）…大さじ 1
A └ 七味唐辛子…少々
シシトウ…6 本
さつまいも…1/3 本（80g）
ごはん…適量
もみのり…大さじ 2

作り方
1. 鮭は半分に切って塩を振って 10 分ほどおき、出てきた水分をキッチンペーパーでふきとる。
2. A を混ぜ合わせ、**1** の表面に塗ってホイルの上にのせる。シシトウもその周りに並べる（開けたままで包まない）。
3. さつまいもはスティック状に切り、ホイルに包む。
4. 2 と **3** を魚焼きグリルに入れ、7、8 分ほど加熱する（写真①）。さつまいもは加熱後すぐにホイルを開いて塩少々を振り、冷ます。
5. ごはんの上にもみのりをのせ、**4** をのせる（写真②～④）。

Point

①
のっけるおかずは魚焼きグリルで一度に加熱。

②
もみのりをのせていく。周囲にごはんが少し見えるようにするのがポイント。

③
全体のバランスを見ながら、メインのおかずを豪快にのっける。

④
さつまいもは紫部分と黄色部分を両方見せるときれい。

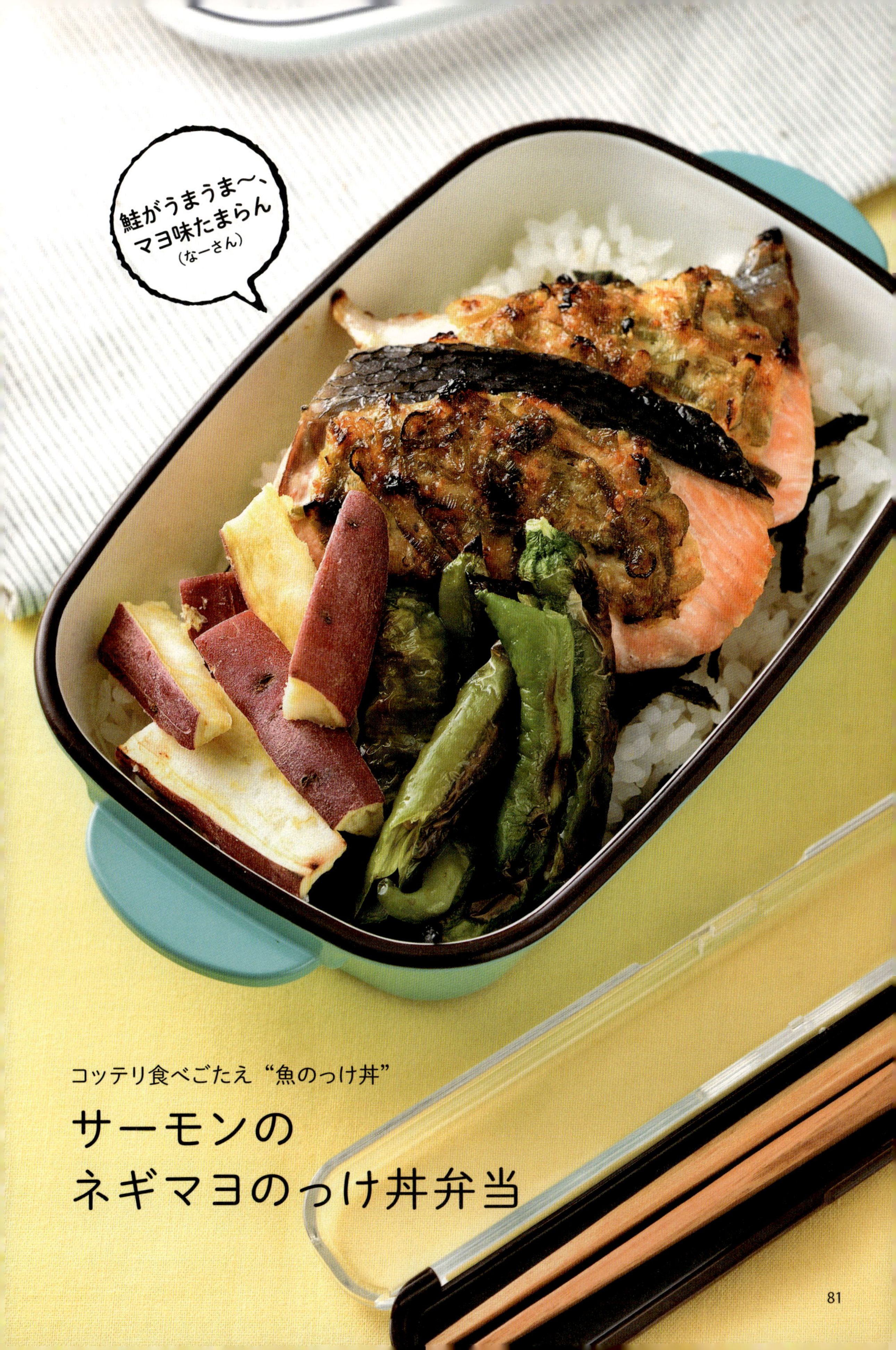
鮭がうまうま〜、
マヨ味たまらん
（なーさん）

コッテリ食べごたえ“魚のっけ丼”

サーモンの ネギマヨのっけ丼弁当

大葉でさわやか、“肉のっけ丼”

豚肉のみそ漬け焼きのっけ丼弁当

豚肉のみそ漬け焼きのっけ丼（＋大葉＋錦糸卵）

材料（1人分）
豚薄切り肉…3枚（120g）
みそ、みりん…各小さじ1
卵…1個
塩、砂糖…各少々
サラダ油…少々
大葉…3枚
ごはん…適量

作り方
1. みそとみりんを混ぜ合わせたものを肉の表裏にまんべんなく塗り付け、ラップをして冷蔵庫に一晩おく。
2. ボウルに卵を割りいれ、塩と砂糖で調味してよく混ぜる。
3. フライパンにサラダ油をひいて熱し、**2**を流しいれて薄焼き卵を作る。裏返してさっと焼き、取り出して冷まして千切りにする。
4. あいたフライパンに**1**の肉を入れ、弱火で焦がさないように両面焼く。
5. ごはんの上に**3**の錦糸卵をのせ、肉と大葉を交互にのせる。
＊ここでは少し厚めのしょうが焼き用の豚肉を使っていますが、もっと薄い肉の場合は4枚程度使って下さい。

ごはんがすすむ甘辛“野菜のっけ丼”

ナスとお揚げの甘辛煮のっけ丼弁当

ナスとお揚げの甘辛煮のっけ丼（＋炒り卵＋紅生姜）

材料（1人分）
ナス…1本
油揚げ…1/2枚
A
- 水…50cc
- みりん…大さじ1
- 砂糖…少々
- しょうゆ…小さじ1

卵…1個
塩、砂糖…各少々
サラダ油…少々
スナップえんどう、紅生姜…各少々
ごはん…適量

作り方
1. ナスは3センチ角に切り、塩水（分量外）に1分ほど漬け、しっかり水気を絞る。油揚げも3センチ角に切る。
2. 鍋にナスと油揚げ、Aを入れて火にかける。汁けが少なくなるまで煮詰める。
3. ボウルに卵と塩、砂糖を入れてよく溶く。フライパンにサラダ油をひいて熱し、卵液を流しいれてかき混ぜ、炒り卵を作る。
4. ごはんの上に**3**の炒り卵をのせ、**2**のナスと油揚げをのせる。電子レンジに10秒ほどかけたスナップえんどうと、紅生姜を添える。

お弁当をかわいくするちょっとしたコツ10連発

今日のお弁当は、おかずの色みも悪く、イマイチな出来になりそう……。

そう思っても、まだあきらめてはいけません。ほんのひとワザで見違えるほどかわいくなるコツをご紹介！！

1 ミニトマトだけじゃない！彩りが悪い時の、救世主、赤い食材たち。

赤い食材があればきっとお弁当が鮮やかになるだろうに、ミニトマトもパプリカもない！　そんな時のために、保存のきく、紅生姜、梅干しなどを常備しておいてはいかが？　さらに、ゆかりやケチャップなどをまぶしたおかずも、お弁当に赤みを添えてくれます。赤い食材は、なければ作ることもできるのです！

紅生姜

梅干し

ケチャップおかず

ゆかり

2 赤食材が何もない時は、弁当箱やカップを赤にして華やかに！

赤みを添える食材が何もなかったとしても、まだあきらめてはいけません。こんな時のために、お弁当箱自体を朱塗りのものにしたり、赤いカップを用意しておくと、おかずやごはんに色がなくても、彩りを底上げしてくれます。

3 “何でも卵巻きテク”で、茶色いおかずも、鮮やかに！

昨日のおかずがちょっとだけ残っている、しかも茶色い……。そんな時は卵焼きに巻き込むテクが使えます。卵2つで卵焼きを作って、中におかずを巻き込みます。中に巻き込むおかずがしょうゆ味の時には、卵液はいつもより少し甘めにすると、味のバランスがよくなります。

4 ワックスペーパーを上手に使おう。

雑貨ショップなどに売っているワックスペーパー。これをお弁当箱に敷くと、おかずがオッサンぽくても、いきなり女子力の高いお弁当になります。特に、赤系のものはお弁当の彩りもUPしてくれて一石二鳥。100円ショップなどで売っているものは、水分が出るとビリビリに破けてしまうものもあるので注意して。

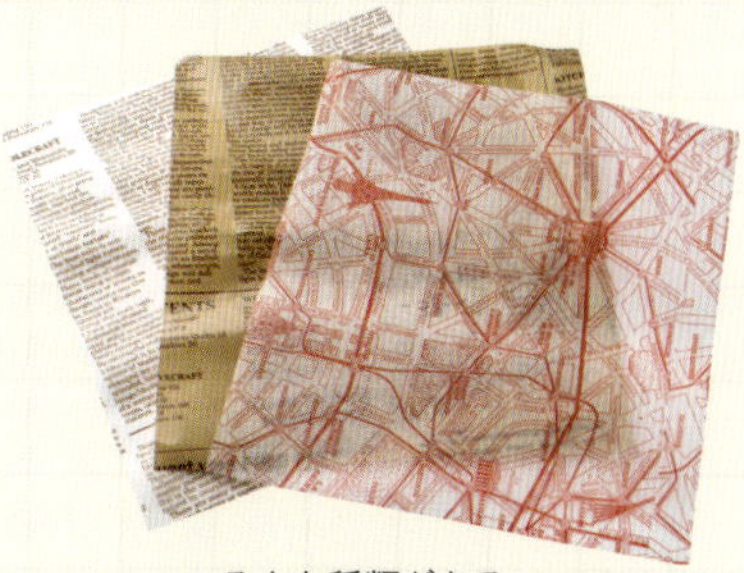

いろんな種類がある

くしゃくしゃにして

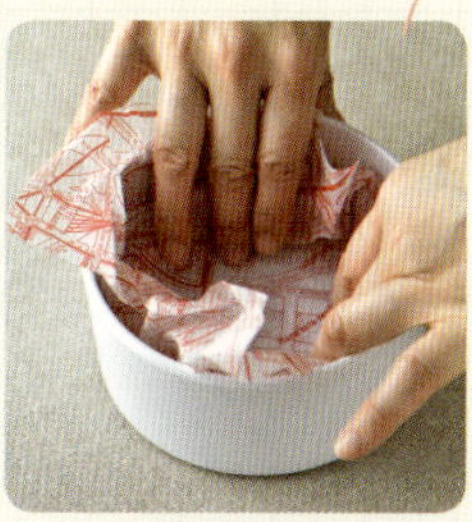

広げながら、
お弁当にしき

おかずをのせて

完成！
額縁効果でかわいく

5 入れるだけでかわいくなる、水玉食材を常備しよう。

お弁当の仕上がりに少しトッピングするだけで、魔法のようにかわいくなるのが、水玉食材。たとえば、鮮やかな緑色の枝豆や黄色のコーンなど、お弁当に散らすように置くだけで、俄然、華やかに！　また、スナップえんどうはさやにつけたままツブツブを見せて飾ると、キュートさが劇的にUP。使わない手はありません。

のっけるだけで
かわいい！

スナップえんどう

冷凍むき枝豆

冷凍コーン

6 ごはんの上をキュートにかざろう。

おかず部分では挽回できないほどのオッサン弁当になっても、まだ、ごはん部分を飾るという手があります。小さな梅干しや梅肉をテンポよく並べてリズム感を出してみたり、梅干しでハートや星形などを作ったり、あるいは、きれいな色のふりかけで飾ってみたり……。ごはんは白いキャンバス。自由な発想でアートしよう。

梅干し
3つのせ

梅干しで
ハート

ゆかりと梅肉

コーンの
ふりかけ

7 ふたがドーム型のお弁当箱なら、おかずを盛っても、べたっとつぶれない。

作った直後はきれいでも、ふたを開けたら、おかずがベチャっとつぶれていたりすると、「ほめられ弁当」とはいえません。そんな悩みを解決してくれるのが、ふたがドーム型になったお弁当箱。立体的におかずを盛っても、ふたとの間にすき間ができるので、美しいまま。特に、のっけ丼などの時にはとても重宝です。

見た目は普通ですが……。

ふたがドームになっているのでキレイなまま！

8 使い捨てフォークを添えれば、女子度UP！

なぜか女子は、“カフェ風”が大好き。お弁当の中身で勝負しなくても、お弁当箱にカフェ風演出をほどこすだけで、女子からの「ほめられ度」は一気に上がります。たとえば、ナチュラルな雰囲気の使い捨てフォークをお弁当箱にマスキングテープで添えてみる。それだけで気分が上がります。

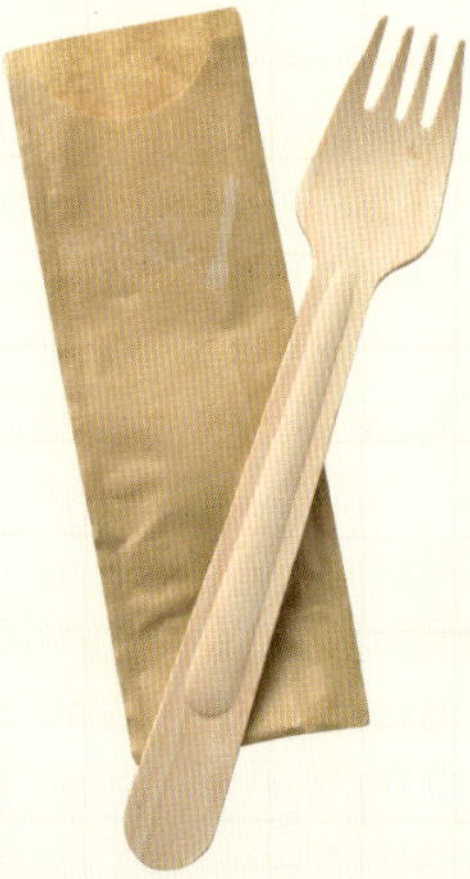

使い捨てフォークをマスキングテープで貼って

9 マスキングテープでオリジナルのピックを作ろう。

市販のピックは、幼稚すぎたり、逆に大人っぽすぎたりして、10代女子にウケるものがあまりない印象です。だったら、ピックはマスキングテープで自作してみましょう。楊枝のお尻にマスキングテープを巻いて、1センチ程度の長さに切り、三角に切り込みを入れればかわいいフラッグ型ピックができあがります。

マスキングテープはお弁当にいろいろ使えます！

10 マスキングテープのおにぎりラベルでかわいく、わかりやすく！

シンプルなおにぎり弁当も、ちょっとした工夫で女子仕様に。おにぎりをラップでくるみ、おにぎりの具を書いたマスキングテープを貼ってラベルのようにすると、見た目もかわいく、中身も一瞬でわかり、一石二鳥です。こんなちょっとした心づかいが「ほめられ弁当」の秘訣です。

中身を書いておくと親切

おわりに。

実はここだけの話、今回のこの本を担当してくださっていた出版社の働く主婦、
弁当女子Iさんは以前のわたしの「オッサン弁当」の本の大ファンでして、
あれを超えられる本なんてもうないんじゃないか、
あれ以上の本は作れないかもしれない……、
あれはわたしの中での最強の本です！　バイブルです！！！！
と、一番最初にお会いした時に熱烈な告白をしてくださっていたほどに
「オッサン弁当」の本の愛用者でいらっしゃったのです。

そんなIさん、わたしが章ごとに原稿を送るたびに
「今日は○ページのこれを作りました！」

と、毎日毎日何かしら本の中から作ってくださり、

「この本、めっちゃ使えます！」

「ホントに冷蔵庫にあるもので全部できます！」

とこの本の一番最初のヘビーユーザーに。

娘さんのための塾弁当も、この本がまだ原稿の段階から作ってくださって、
滅多にほめてくれない（笑）娘さんにも初めてほめてもらえた！

とめちゃくちゃ嬉しいことを仰ってくださいました。

Iさんのその言葉に励まされ、勇気をもらい、この本は出来ました。

ありがとうございました。

そして最後になりましたが、わたしのたくさんの友人たち。
たびたび相談に乗ってもらい、そのたぐいまれなる素晴らしい美的センスと
知的なアドバイスとつかの間の休息、
そして笑いを惜しみなくわたしにくれました。
ホントにありがとう！

井上かなえ

素材別さくいん

この素材別さくいんは、レシピの材料表に載っている食材以外にも、
注釈に載っている代用可食材でも、引けるようになっています。

【肉類】

牛肉
牛肉と卵のオイスターソース炒め　28
豚肉と玉ねぎの甘辛　29
牛肉と玉ねぎのケチャップ炒め　49
豚肉と玉ねぎの和風カレー炒め　52
韓国風きんぴらごぼう　70
おにぎらず弁当　76
牛の梅ポンそぼろ　79

鶏肉
ささみのみそマヨチキン　38
チキンチャップ（ささみ）　49
ささみのピカタ　50
ささみのカレー竜田　53
ささみフライ　64
ささみのレンチンオイル蒸し　70
鶏胸肉のお好み焼き風　29
鶏胸肉とピーマンの塩炒め　32
白だしチキンソテー（鶏胸肉）　33
鶏胸肉の甘みそ絡め　37
鶏胸肉のからししょうゆ浸し　41
鶏胸肉のオイマヨ和え　45
鶏胸肉のチリケチャ　48
鶏胸肉の梅ぽんソテー　50
鶏胸肉のハニーカレー照り焼き　52
鶏肉とじゃがいものバターしょうゆ照り（鶏もも肉）　16
鶏もも肉のグリル照りマヨ　28
鶏もも肉といんげんのピリ辛　31
鶏もも肉のみそダレ焼き　36
レンコンと鶏もも肉のみそ炒め　37
鶏もも肉のマヨポン炒め　46
グリルチキンの甘辛梅浸し（鶏もも肉）　50
鶏もも肉のグリルカレー浸し　53

豚肉
豚薄切り肉とごぼうのハンバーグ　20
高野豆腐の照り焼き丼　21
豚肉と玉ねぎの甘辛　29
豚肉のカリカリ焼き　甘辛絡め　30
豚肉のエリンギ巻き　照り焼き　31
豚薄切り肉と豆苗の塩だれ煮　33
豚肉と大葉のハンバーグ　35
ナスの豚巻き　めんつゆみそ絡め　36
豚肉とピーマンのみそ炒め　38
豚肉とセロリの春雨炒め　40
ゆで豚のからししょうゆ和え　40
高菜の焼きそば　42
豚肉としめじのマヨ焼き　44
鶏胸肉のオイマヨ和え　45
しょうゆマヨの焼きうどん　45
豚肉と玉ねぎのケチャマヨ　48
豚こまハンバーグ　48
牛肉と玉ねぎのケチャップ炒め　49
鶏胸肉の梅ぽんソテー　50
梅塩焼きそば　51
豚肉のチーズ入り梅生姜焼き　51
ゆで豚といんげんのカレーしょうゆ和え　52
豚肉と玉ねぎの和風カレー炒め　52
焼かない焼きカレーうどん　53
豚肉とピーマンの細切り炒め　61
豚肉の白だし焼き　62
豚肉のみそ漬け焼きのっけ丼　82

ひき肉
ナスハンバーグ（合びき肉）　65
6色そぼろ丼（合いびき肉）　74
オムライス（鶏ひき肉）　22
レンコンと鶏ひき肉の塩つくね（鶏ひき肉）　33
ひき肉のマヨオムレツ（鶏ひき肉・合いびき肉）　45
梅つくね（鶏ひき肉）　51
ピーマンの肉詰め（鶏ひき肉）　58
柚子胡椒の鶏そぼろ（鶏ひき肉）　79
豚ひき肉とナスのしょうゆそぼろ（豚ひき肉・鶏ひき肉）　43
ひき肉のマヨオムレツ（豚ひき肉・合いびき肉）　45
甘辛豚そぼろ（豚ひき肉）　79

【魚介類】

イカ
シーフードとじゃがいもの甘辛煮　30

サバ
揚げサワラの甘辛　31
サワラのマヨから揚げ　44

サワラ
揚げサワラの甘辛　31
自家製塩サーモンのグリル　34
サワラのマヨから揚げ　44
サワラの梅しょうゆ焼き　50
鮭のカレー塩焼き　52

シーフードミックス
シーフードミックスのかき揚げ丼　19
シーフードとじゃがいもの甘辛煮　30
高菜の焼きそば　42
きのことシーフードのバターしょうゆ　43
シーフードとしめじのマヨおかか炒め　47
シーフードとパプリカのすっぱ炒め　54

タラ
自家製塩サーモンのグリル　34
鮭マヨ　46
鮭のカレー塩焼き　52

生鮭
鮭の焼き春巻き　18
自家製塩サーモンのグリル　34
焼きサーモンといんげんのしょうゆ浸し　40
サワラのマヨから揚げ　44
鮭マヨ　46
サーモンのケチャップ照り焼き　48
鮭のカレー塩焼き　52
ジンジャーサーモン　60
サーモンのネギマヨのっけ丼　80

ブリ
鮭のカレー塩焼き　52

むきえび
シーフードとじゃがいもの甘辛煮　30

【野菜】

青ねぎ
牛肉と卵のオイスターソース炒め　28
レンコンと鶏ひき肉の塩つくね　33
自家製塩サーモンのグリル　34
ナスのレンチン蒸し　35
鶏もも肉のみそダレ焼き　36
レンコンと鶏もも肉のみそ炒め　37
ゆで豚のからししょうゆ和え　40
ひき肉のマヨオムレツ　45
しょうゆマヨの焼きうどん　45
グリルチキンの甘辛梅浸し　50
梅つくね　51
梅入りだし巻き　51
梅塩焼きそば　51
鶏もも肉のグリルカレー浸し　53
春雨入り梅のお吸い物　68
桜えび香る中華スープ　68
サーモンのネギマヨのっけ丼　80

アスパラガス
アスパラのみそ絡め　16
鶏もも肉といんげんのピリ辛　31
鶏胸肉とピーマンの塩炒め　32
鶏胸肉のからししょうゆ浸し　41
鶏胸肉のハニーカレー照り焼き　52
焼きアスパラとベーコンのサラダ　62

イタリアンパセリ
オムライス　22

いんげん
きのこといんげんの塩レモン蒸し　21
さつまいものマヨサラダ　22
鶏もも肉といんげんのピリ辛　31
レンコンのハーブグリル　32
ブロッコリーとショートパスタのみそ味サラダ　39
いんげんとじゃがいものみそチーズ和え　39
焼きサーモンといんげんのしょうゆ浸し　40
ちくわのチーズしょうゆソテー　40
鶏胸肉のからししょうゆ浸し　41
レンジゆかりポテサラ　47
チキンチャップ　49
ゆで豚といんげんのカレーしょうゆ和え　52
焼かない焼きカレーうどん　53
いんげんの塩昆布バター　78

えのき
豚肉のエリンギ巻き　照り焼き　31
きのこのケチャップ和え　49
焼ききのこのおかかしょうゆ　64

エリンギ
豚肉のエリンギ巻き　照り焼き　31
豚肉としめじのマヨ焼き　44
きのこのケチャップ和え　49
きのこのおかか煮　60
きのこの旨煮　71

大葉
鮭の焼き春巻き　18
高野豆腐の照り焼き丼　21
豚肉と大葉のハンバーグ　35
油揚げの大葉チーズ　みそくるくる　37
ささみのピカタ　50
豚肉のチーズ入り梅生姜焼き　51
おにぎらず弁当　76
豚肉のみそ漬け焼きのっけ丼　82

かぶ
大根のレモン漬け　66

かぶの葉
小松菜のからし漬け　67

かぼちゃ
かぼちゃのグリルのみそ絡め　19
かぼちゃの甘辛サラダ　28
豚肉のカリカリ焼き　甘辛絡め　30
かぼちゃのみそバター蒸し　38
かぼちゃのしょうゆ蒸し　42
かぼちゃとベーコンのからしマヨサラダ　47
かぼちゃのケチャップチーズ焼き　48
かぼちゃのカレーバター煮　53
かぼちゃのハニーナッツサラダ　55
かぼちゃサラダ　65

キャベツ
キャベツの甘辛煮　31
キャベツの塩ごま蒸し　32
ブロッコリーの白だし浸し　34
キャベツのからしみそマヨ　37
キャベチーズのお揚げ巻き　41
キャベツのお浸し　41
高菜の焼きそば　42
キャベツのマヨペペロン　44
ふわふわキャベツのケチャップかけ　49
キャベツの梅サラダ　50
キャベツとにんじんのコールスロー　55
リンゴとキャベツのサラダ　55
キャベツのみそわさび　64
キャベツのさっぱり白だし漬け　66
たっぷりキャベツのスープ　69

きゅうり
きゅうりのめんつゆ生姜漬け　67

ゴーヤ
ピーマンの甘辛おかか煮　28

コーン
ほうれん草とコーンのバターカレー　52
キャベツとにんじんのコールスロー　55
プチトマトとコーンのチーズスープ　69
マカロニコーンのカレースープ　69

ごぼう
豚薄切り肉とごぼうのハンバーグ　20
和風ごぼうサラダ　46
ごぼうのごま和え　67
韓国風きんぴらごぼう　70
根菜の甘辛　71
おにぎらず弁当　76

小松菜
ほうれん草のごまみそ和え　36
ほうれん草とお揚げの生姜じょうゆ　42
ほうれん草とチーズの梅肉和え　50
小松菜のからし漬け　67

さつまいも
さつまいものマヨサラダ　22
ピーマンとさつまいも甘辛炒め　29
さつまいものグリル　32
かぼちゃのみそバター蒸し　38
かぼちゃのしょうゆ蒸し　42
かぼちゃとベーコンのからしマヨサラダ　47
かぼちゃのカレーバター煮　53
さつまいもとリンゴのマーマレード煮　55
さつまいものスイートサラダ　55
かぼちゃのハニーナッツサラダ　55
さつまいものレモンバター蒸し　58
さつまいもの甘煮　70
サーモンのネギマヨのっけ丼　80

里いも
かぼちゃのしょうゆ蒸し　42

しいたけ
豚肉としめじのマヨ焼き　44
焼ききのこのおかかしょうゆ　64

シシトウ
サーモンのネギマヨのっけ丼　80

しめじ
きのこといんげんの塩レモン蒸し　21
豚肉のエリンギ巻き　照り焼き　31
きのことシーフードのバターしょうゆ　43
豚肉としめじのマヨ焼き　44
シーフードとしめじのマヨおかか炒め　47
きのこのケチャップ和え　49
きのこのおかか煮　60
きのこのコク旨オニオンスープ　69
きのこの粒マスタードマリネ　70
しめじの塩昆布煮　78

じゃがいも
鶏肉とじゃがいものバターしょうゆ照り　16
じゃがいもとベーコンのレンジカレー煮　18
にんじんとじゃがいもの塩昆布グリル　20
じゃがいものケチャップサラダ　21
かぼちゃの甘辛サラダ　28
食べればコロッケ風お揚げの巻き巻き　30
シーフードとじゃがいもの甘辛煮　30
じゃがいもとにんじんの塩きんぴら　35
じゃがいものレンジみそ煮　36
いんげんとじゃがいものみそチーズ和え　39
レンジゆかりポテサラ　47
かぼちゃのケチャップチーズ焼き　48
じゃがいもの梅ナムル　51
じゃがいものツナ煮　61
６色そぼろ丼　74

春菊
ほうれん草とチーズの梅肉和え　50

生姜
ほうれん草とお揚げの生姜じょうゆ　42
豚ひき肉とナスのしょうゆそぼろ　43
サワラの梅しょうゆ焼き　50
豚肉のチーズ入り梅生姜焼き　51
ジンジャーサーモン　60
豚肉とピーマンの細切り炒め　61
きゅうりのめんつゆ生姜漬け　67
揚げナスとパプリカの生姜じょうゆ　71
甘辛豚そぼろ　79

ズッキーニ
ピーマンの甘辛おかか煮　28
鶏胸肉とピーマンの塩炒め　32
レンコンのハーブグリル　32

スナップえんどう
鶏もも肉といんげんのピリ辛　31
ブロッコリーとショートパスタのみそ味サラダ　39
レンジゆかりポテサラ　47
鶏胸肉のハニーカレー照り焼き　52
ナスとお揚げの甘辛煮のっけ丼　83

セロリ
セロリの塩昆布和え　33
豚薄切り肉と豆苗の塩だれ煮　33
豚肉とセロリの春雨炒め　40
セロ玉サラダ　46
グレープフルーツとセロリのサラダ　55
セロリのからし和え　61
しゃきしゃきセロリのみそマヨ　79

大根
大根のレモン漬け　66
きゅうりのめんつゆ生姜漬け　67

大根の葉
小松菜のからし漬け　67

玉ねぎ
オムライス 22
豚肉と玉ねぎの甘辛　29
乾燥わかめと玉ねぎのグリル　34
玉ねぎのみそマヨグリル　39
豚肉と玉ねぎのケチャマヨ　48
サーモンのケチャップ照り焼き　48
豚こまハンバーグ　48
牛肉と玉ねぎのケチャップ炒め　49
油揚げと玉ねぎのケチャップ炒め　49
豚肉と玉ねぎの和風カレー炒め　52
玉ねぎのカレーかき揚げ　53
シーフードとパプリカのすっぱ炒め　54
レンジラタトゥイユ　58
豚肉の白だし焼き　62

チンゲン菜
ブロッコリーの白だし浸し　34
ほうれん草のごまみそ和え　36
小松菜のからし漬け　67
チンゲン菜のごま塩ナムル　71

豆苗
豆苗の梅和え　19
豚薄切り肉と豆苗の塩だれ煮　33
にんじんのチヂミ　43
豆苗とチーズのわさびしょうゆ和え　43

トマト
オレンジとトマトのスイートマリネ　54

長いも
レンコンのハーブグリル　32
レンコンのケチャップきんぴら　48

長ねぎ
豚肉と玉ねぎの甘辛　29
梅塩焼きそば　51

ナス
ナスのレンチン蒸し　35
ナスの豚巻き　めんつゆみそ絡め　36
ナスの梅みそ和え　39
ナスのからししょうゆ和え　42
豚ひき肉とナスのしょうゆそぼろ　43
ナスのみそマヨ炒め　47
ナスの梅和え　51
レンジラタトゥイユ　58
ナスとピーマンのポン酢絡め　60
ナスハンバーグ　65
揚げナスとパプリカの生姜じょうゆ　71
６色そぼろ丼　74
ナスの塩ツナそぼろ　78
ナスとお揚げの甘辛煮のっけ丼　83

ニラ
にんじんのチヂミ　43

にんじん
にんじんとじゃがいもの塩昆布グリル　20
ぽりぽりにんじんのレンチンきんぴら　30
じゃがいもとにんじんの塩きんぴら　35
にんじんの酢みそ和え　38
にんじんのチヂミ　43
千切りにんじんのゆかりマヨ　44
和風ごぼうサラダ　46
にんじんのカレーマリネ　52
キウイとにんじんのマリネ　54
キャベツとにんじんのコールスロー　55
にんじんの中華風漬け　67
ごぼうのごま和え　67
韓国風きんぴらごぼう　70
根菜の甘辛　71
にんじんのごまきんぴら　78

白菜
キャベツのさっぱり白だし漬け　66

パプリカ

レンコンのハーブグリル　32
シーフードとパプリカのすっぱ炒め　54
揚げナスとパプリカの生姜じょうゆ　71
6色そぼろ丼　74

ピーマン
オムライス　22
ピーマンの甘辛おかか煮　28
ピーマンとさつまいも甘辛炒め　29
鶏胸肉とピーマンの塩炒め　32
セロリの塩昆布和え　33
ピーマンの塩昆布和え　34
豚肉とピーマンのみそ炒め　38
レンジゆかりポテサラ　47
ピーマンの肉詰め　58
ナスとピーマンのポン酢絡め　60
豚肉とピーマンの細切り炒め　61
ピーマンのマヨカレー炒め　78

プチトマト
いちごのマリネ　54
レンジラタトゥイユ　58
プチトマトとコーンのチーズスープ　69

ブナピー
きのこのケチャップ和え　49

ブロッコリー
ブロッコリーのアーモンド炒め　18
ブロッコリーの白だし浸し　34
ブロッコリーとショートパスタのみそ味サラダ　39
ブロッコリーのごまマヨ和え　45
6色そぼろ丼　74

ほうれん草
ほうれん草とチーズのコチュジャン和え　20
ブロッコリーの白だし浸し　34
ほうれん草のごまみそ和え　36
ほうれん草とお揚げの生姜じょうゆ　42
ブロッコリーのごまマヨ和え　45
ほうれん草とチーズの梅肉和え　50
ほうれん草とコーンのバターカレー　52

まいたけ
豚肉としめじのマヨ焼き　44
きのこの粒マスタードマリネ　70
きのこの旨煮　71

みつば
豚薄切り肉と豆苗の塩だれ煮　33

むき枝豆
シーフードミックスのかき揚げ丼　19

レンコン
レンコンの甘酢煮　29
レンコンのハーブグリル　32
レンコンと鶏ひき肉の塩つくね　33
レンコンと鶏もも肉のみそ炒め　37
レンコンのケチャップきんぴら　48
レンコンのオイスターソース炒め　70

【果物】

いちご
いちごのマリネ　54

オレンジ
オレンジとトマトのスイートマリネ　54
キウイとにんじんのマリネ　54

キウイ
キウイとにんじんのマリネ　54

グレープフルーツ
グレープフルーツとセロリのサラダ　55

リンゴ
さつまいもとリンゴのマーマレード煮　55
リンゴとキャベツのサラダ　55

レモン
きのこといんげんの塩レモン蒸し　21
さつまいものマヨサラダ　22
大根のレモン漬け　66

【卵・乳製品・大豆製品】

卵
マヨわかめの玉子焼き　16
豚薄切り肉とごぼうのハンバーグ　20
オムライス　22
牛肉と卵のオイスターソース炒め　28
レンコンと鶏ひき肉の塩つくね　33
高野豆腐のおかかしょうゆステーキ　41
ひき肉のマヨオムレツ　45
セロ玉サラダ　46
ふわふわ卵のケチャップ味　49
ふわふわキャベツのケチャップかけ　49
梅入りだし巻き　51
甘辛カレー味のチーズ入り卵焼き　53
目玉焼き　62
グリルでゆで卵　65
味付き卵　71
6色そぼろ丼　74
おにぎらず弁当　76
ゆかりマヨ卵　78
豚肉のみそ漬け焼きのっけ丼　82
ナスとお揚げの甘辛煮のっけ丼　83

チーズ
鮭の焼き春巻き　18
ほうれん草とチーズのコチュジャン和え　20
油揚げの大葉チーズ　みそくるくる　37
ブロッコリーとショートパスタのみそ味サラダ　39
いんげんとじゃがいものみそチーズ和え　39
キャベチーズのお揚げ巻き　41
豆苗とチーズのわさびしょうゆ和え　43
ふわふわ卵のケチャップ味　49
ほうれん草とチーズの梅肉和え　50
豚肉のチーズ入り梅生姜焼き　51
甘辛カレー味のチーズ入り卵焼き　53
さつまいものスイートサラダ　55
かぼちゃのハニーナッツサラダ　55
プチトマトとコーンのチーズスープ　69
おにぎらず弁当　76

油揚げ
食べればコロッケ風お揚げの巻き巻き　30
油揚げの大葉チーズ　みそくるくる　37
キャベチーズのお揚げ巻き　41
ほうれん草とお揚げの生姜じょうゆ　42
油揚げと玉ねぎのケチャップ炒め　49
お揚げの炊いたん　71
ナスとお揚げの甘辛煮のっけ丼　83

高野豆腐
高野豆腐の照り焼き丼　21
高野豆腐の塩から揚げ　35
高野豆腐のおかかしょうゆステーキ　41

木綿豆腐
豆腐そぼろ　79

【乾物・漬物】

青のり
シーフードミックスのかき揚げ丼　19
鶏胸肉のお好み焼き風　29
食べればコロッケ風お揚げの巻き巻き　30

かつおぶし
ピーマンの甘辛おかか煮　28
キャベツのお浸し　41
高野豆腐のおかかしょうゆステーキ　41
かぼちゃのしょうゆ蒸し　42
シーフードとしめじのマヨおかか炒め　47
梅入りだし巻き　51
豚肉と玉ねぎの和風カレー炒め　52
きのこのおかか煮　60
焼ききのこのおかかしょうゆ　64
きのこのコク旨オニオンスープ　69
マカロニコーンのカレースープ　69
味付き卵　71
6色そぼろ丼　75
おにぎらず弁当　76
豆腐そぼろ　79

桜えび
キャベツの甘辛煮　31
キャベツのお浸し　41
桜えび香る中華スープ　68
きのこの旨煮　71

塩昆布
にんじんとじゃがいもの塩昆布グリル　20
ピーマンとさつまいも甘辛炒め　29
セロリの塩昆布和え　33
ピーマンの塩昆布和え　34
ひき肉のマヨオムレツ　45
しょうゆマヨの焼きうどん　45
春雨入り梅のお吸い物　68
プチトマトとコーンのチーズスープ　69
しめじの塩昆布煮　78
いんげんの塩昆布バター　78

のり
高野豆腐の照り焼き丼　21
おにぎらず弁当　76
サーモンのネギマヨのっけ丼　80

春雨
豚肉とセロリの春雨炒め　40
春雨入り梅のお吸い物　68

フライドオニオン
じゃがいものケチャップサラダ　21
オムライス　22
豚こまハンバーグ　48
きのこのコク旨オニオンスープ　69
マカロニコーンのカレースープ　69

レーズン
さつまいものマヨサラダ　22
にんじんのカレーマリネ　52
さつまいものスイートサラダ　55

わかめ
マヨわかめの玉子焼き　16
乾燥わかめと玉ねぎのグリル　34
キャベツのお浸し　41
桜えび香る中華スープ　68

梅干し
鮭の焼き春巻き　18
豆苗の梅和え　19
油揚げの大葉チーズ　みそくるくる　37
ナスの梅みそ和え　39
いんげんとじゃがいものみそチーズ和え　39
千切りにんじんのゆかりマヨ　44
セロ玉サラダ　46
グリルチキンの甘辛梅浸し　50
ほうれん草とチーズの梅肉和え　50
サワラの梅しょうゆ焼き　50
キャベツの梅サラダ　50
ささみのピカタ　50
鶏胸肉の梅ぽんソテー　50
梅つくね　51
梅入りだし巻き　51
じゃがいもの梅ナムル　51
ナスの梅和え　51
梅塩焼きそば　51
豚肉のチーズ入り梅生姜焼き　51
春雨入り梅のお吸い物　68
牛の梅ポンそぼろ　79

高菜漬け
高菜の焼きそば　42

紅生姜
高野豆腐の照り焼き丼　21

スライスアーモンド
ブロッコリーのアーモンド炒め　18

【魚＆肉加工品】

サバの水煮缶
サバ缶のからしみそそぼろ　79

ツナ缶
食べればコロッケ風お揚げの巻き巻き　30
じゃがいものツナ煮　61
ナスの塩ツナそぼろ　78

ちくわ
ぽりぽりにんじんのレンチンきんぴら　30
ちくわのチーズしょうゆソテー　40
高菜の焼きそば　42
千切りにんじんのゆかりマヨ　44

ハム
食べればコロッケ風お揚げの巻き巻き　30
リンゴとキャベツのサラダ　55

ベーコン
じゃがいもとベーコンのレンジカレー煮　18
かぼちゃとベーコンのからしマヨサラダ　47
レンジラタトゥイユ　58
焼きアスパラとベーコンのサラダ　62
きのこの粒マスタードマリネ　70

【ごはん・麺類・小麦粉製品】

ごはん
高野豆腐の照り焼き丼　21
オムライス　22
6色そぼろ丼　74
おにぎらず弁当　76
サーモンのネギマヨのっけ丼　80
豚肉のみそ漬け焼きのっけ丼　82
ナスとお揚げの甘辛煮のっけ丼　83

うどん
しょうゆマヨの焼きうどん　45
焼かない焼きカレーうどん　53

パスタ
ブロッコリーとショートパスタの
みそ味サラダ　39

マカロニ
マカロニコーンのカレースープ　69

焼きそば麺
高菜の焼きそば　42
梅塩焼きそば　51

春巻きの皮
鮭の焼き春巻き　18

井上かなえ

人気料理ブロガー。2005年にスタートした子どもの育児日記と日々の晩ごはんを綴ったブログ「母ちゃんちの晩御飯とどたばた日記」はアクセス数1日12万件を誇り、レシピブログのブロガーランキングでは殿堂入りするほどの人気。現在は、夫、てんきち兄さん（大学生）、なーさん（中学生）、すぅさん（中学生）と犬のメイの5人家族。「てんきち母ちゃんちの朝15分でお弁当　手間と時間はちょっとだけ！　愛情たっぷり！　オッサン弁当」（毎日コミュニケーションズ）「てんきち母ちゃんちの毎日ごはん」シリーズ（宝島社）など、著書多数。雑誌、TV、食品メーカーのレシピ考案などでも活躍中。

「母ちゃんちの晩御飯とどたばた日記」
http://inoue-kanae.blog.jp/

写真：井上かなえ、志水隆、松本輝一
デザイン：野中深雪
企画協力：レシピブログ http://www.recipe-blog.jp/

てんきち母《かあ》ちゃんの
朝《あさ》10分《ぷん》、あるものだけで
ほめられ弁当《べんとう》

2015年9月30日　第1刷発行
2016年4月25日　第11刷発行

著　者　井上《いのうえ》かなえ

発行者　石井潤一郎

発行所　株式会社 文藝春秋
〒102-8008 東京都千代田区紀尾井町3-23
電話　03-3265-1211

印刷所　光邦

製本所　加藤製本

万一、落丁、乱丁の場合は、送料当方負担でお取替えいたします。
小社製作部宛にお送りください。定価はカバーに表示してあります。
本書の無断複写は著作権法上での例外を除き禁じられています。
また、私的使用以外のいかなる電子的複製行為も一切認められておりません。

©KANAE INOUE 2015

ISBN 978-4-16-390337-8
printed in Japan

鍋帽子は、すぐれた保温効果によって、その場にいなくても、確実に台所仕事を進めてくれます。まとまった家事時間をとりにくい、仕事をもつ女性や乳幼児を育てるお母さん、介護にたずさわる方、また少人数、大人数、さまざまな家族の食生活を支えてくれる頼もしい存在です。

このたび、鍋帽子を広め、調理を家庭で積み重ねてきた全国友の会（『婦人之友』の読者の集まり）会員の協力を得て、この一冊をまとめました。調理方法や使いやすさなどさらに研究を重ね、よそゆきではないけれど、その味のひとつひとつは、母から娘へと受け継いでいきたい、基本的な家庭料理ばかりです。

毎日の食卓にふさわしいこれらの料理を、みなさまのお役に立てていただけましたら幸いです。

二〇一二年　三月

婦人之友社編集部

目次

はじめに……2
この本をお使いになる前に……8

1 鍋帽子ってなんでしょう……9

鍋帽子の10の実力……10
調理・使い方のきほん・大根と豚バラのスープ……14
調理の科学(1) 鍋帽子で調理すると、なぜおいしいのでしょう……16
調理の科学(2) 鍋帽子調理の注意点……92

2 これこそ鍋帽子で！ おすすめの11品……17

チキンポトフ……18
煮豚……20
とりハム……22
茶碗蒸し3種……24
和風の茶碗蒸し／干しえびの茶碗蒸し／きのことほうれん草のフラン
肉じゃが……26
おでん……28
ミネストローネ……30
炊きこみごはん2種……32
五目炊きこみごはん／すき昆布たっぷり炊きこみごはん

3 今夜の肉料理は、煮こみ、煮ものを中心に……35

ビーフシチュー……36
ボルシチ……38
豚の角煮……40
みそ煮豚……41
ポークカレー……42
豚肉のワイン煮……43
筑前煮……44
とり手羽元のさっぱり煮……45
とりのトマト煮こみ……46
サムゲタン……48
クリームシチュー……50
肉づめピーマン……51
大きな肉だんご……52
ロールキャベツ……54
ミートソースパスタ……55

4 魚介のうまみ、たっぷり味わって……57

アクアパッツァ風……58
サーモンの香り蒸し……60
バーニャカウダソース……61
白身魚のムニエル……62
いかと根菜類の煮もの……63
さんまの甘露煮……64
さんまのピリ辛煮……65

5 「ゆでる」にも大活躍……67

ゆで豚……68
ゆでどり　コーヒーチキン／とり肉のはちみつ煮……68
ゆで野菜／1つの鍋で蒸し野菜いろいろ……70
ゆで卵いろいろ　温泉卵／半熟／かたゆで……70
大豆をゆでる　ぶどう豆……72
金時豆の甘煮……73

6 こっくりほっくり野菜料理……75

ラタトゥイユ……76
畑の宿がえ……77
かんたん煮しめ……78
かぼちゃ2種　かぼちゃのそぼろ煮／かぼちゃのミルク煮……79
大根の煮もの2種　ぶり大根／大根とがんもどきの煮もの……80
じゃが芋と豚肉の蒸し煮……82

7 スープ・汁ものは鍋帽子の得意技……83

お椀3種　豚汁／のっぺい汁／さけの粕汁……84
1kg野菜のポタージュ……86
白いんげん豆のスープ……87
ポタージュ2種　ヴィシソワーズ／かぼちゃのポタージュ……88
韓国風具だくさんスープ……90
キャベツと豚バラ肉のスープ煮……91

8 豆・乾物はふっくらと …… 93

五目豆 …… 94
黒豆 …… 95
ポークビーンズ …… 96
ひよこ豆のサラダ／ひよこ豆のディップ …… 97
高野豆腐の印ろう煮 …… 98
昆布の佃煮／昆布だし …… 99

9 きょうからごはんは鍋帽子 …… 103

ごはん／玄米ごはん …… 104
お粥 …… 106
中華おこわ …… 107
パエリア …… 108
チキンライス …… 109
シンガポールチキンライス …… 110

10 デザートもおまかせ ほか …… 111

カスタードプリン …… 112
オレンジカスタード …… 113
くずきり …… 114
タピオカのぜんざい …… 114
人参ジャム／りんごジャム／甘酒の素 …… 115

◇冷製料理2種

牛すね肉と玉ねぎのマリネ …… 100
サーモンの冷製 …… 100

今夜のメニューに迷ったとき

1時間以内にできあがる料理は…

●おかず

肉じゃが …… 26
ポークカレー …… 42
筑前煮（もどし干ししいたけ使用） …… 44
とりのトマト煮こみ …… 46
クリームシチュー …… 50
肉づめピーマン …… 51
大きな肉だんご …… 52
ミートソースパスタ …… 55
アクアパッツァ風 …… 58
サーモンの香り蒸し …… 60
白身魚のムニエル …… 62
さんまのピリ辛煮 …… 65
ラタトゥイユ …… 76

保冷もできます……102

［私の鍋帽子ライフ］

1日3回 ―夜、朝、夕― に集中して台所仕事　速水陽子……34
いつのまにか鍋に「煮もの」の花が　岡崎直子……56
鍋帽子を通して広まる「気持ち」　山﨑美津江……56
家族も笑顔！ 時間を生み出す鍋帽子　大谷雅江……66
一度の手間が数回分の食事に ―野菜のくりまわし　竹山玲子……74
生活時間の違う家族を支える鍋帽子　井田典子……116
鍋帽子のルーツ……118
鍋帽子の手入れと洗濯方法　黒沢雅子……120
置き場所の工夫
縫ってみよう鍋帽子……121
まんまる鍋帽子／きんちゃく型鍋帽子／鍋ぶとん
型紙……巻末
材料別索引……126

畑の宿がえ……77
じゃが芋と豚肉の蒸し煮……82
サーモンの冷製……100

●ごはんもの（吸水した米使用）
五目炊きこみごはん……32
すき昆布たっぷり
炊きこみごはん……33
中華おこわ……107
パエリア……108
チキンライス……109

●汁もの
大根と豚バラのスープ……14
ミネストローネ（ゆで豆で）……30
豚汁……84
白いんげん豆のスープ（ゆで豆で）……87
韓国風具だくさんスープ……90
キャベツと豚バラ肉のスープ煮……91

この本をお使いになる前に

- この本で使用している鍋は、ステンレスの多重層鍋です
- 加熱時間、保温時間は、お使いになる鍋やふたの材質、材料の切り方で多少変わります
- 材料表の分量は、表記以外は4人分です
- 計量の単位は、1カップ＝200ml、大さじ1＝15ml、小さじ1＝5mlです
- この本で使用している鍋帽子は「まんまる鍋帽子」で、帽子部分の綿の量は約250gです

＊もし、すぐに鍋帽子が手に入らない場合は、鍋を新聞紙で包み、毛布などでくるんでも代用できます
そのさいの保温時間などは、本の表記と多少変わりますので、確認しながら調理してください

1

鍋帽子ってなんでしょう?

鍋帽子の〝魔法〟はどんなところにあるのでしょう。
その実力や、使い方のきほんを紹介。

鍋帽子の10の実力

鍋帽子を使った保温調理には、こんなにいいことが――

1

ふっくらとやわらかく…、じんわり味がしみこんで、料理上手に！

ゆっくり時間をかけて味がしみこんでいく保温調理。煮ものはほっこりとやわらかく、肉料理は肉汁たっぷりでホロリとしたしあがりに。沸とうし続けないので、うまみと香りをのがさず、栄養分も損なわれません。

2

あたたかい食事がいつでもスタンバイ

〝鍋ごと保温〟ができるので、前もって加熱しておいた料理を熱々のままいただけます。また、再加熱してかぶせておくと、食事時間の異なる家族も、あたため直しをせず食べられます。

専門家から

食材をおいしく食べられる状態にするための加熱温度は、素材の種類や大きさによっても異なりますが、基本的に、肉・魚介類は約70℃、野菜類は85～95℃です。そのためには、必ず沸とうさせて温度を上げてから鍋帽子をかぶせること。けれど、沸とうさせ続ける必要はありません。鍋帽子を利用することで保温され、その余熱の利用でじゅうぶんにおいしくなるのです。(P16.P92参照)

3

火口がひとつ増えます

鍋帽子で調理している間、ガス台は別の料理に使えます。火口がもうひとつあるのと同じことに。

4

保温中は手があくので、別のことができます

鍋帽子をかぶせれば、あとは時間が調理をしてくれるので、手をかける必要はありません。保温中、別の料理をつくるのはもちろん、ほかの家事をしたり、外出など、安心して違う時間をすごすことができます。

5

かぶせておけば「先手仕事」に

出かける前にしこんでおき、帰宅したらすぐ食事、前夜に用意しておき、朝食に……。鍋帽子を使っていると、しぜんに先手仕事になります。献立をたてて段どりよく活用すると、より効率的。生活全体がスムーズにまわります。

保温性を湯温の時間による変化でみる

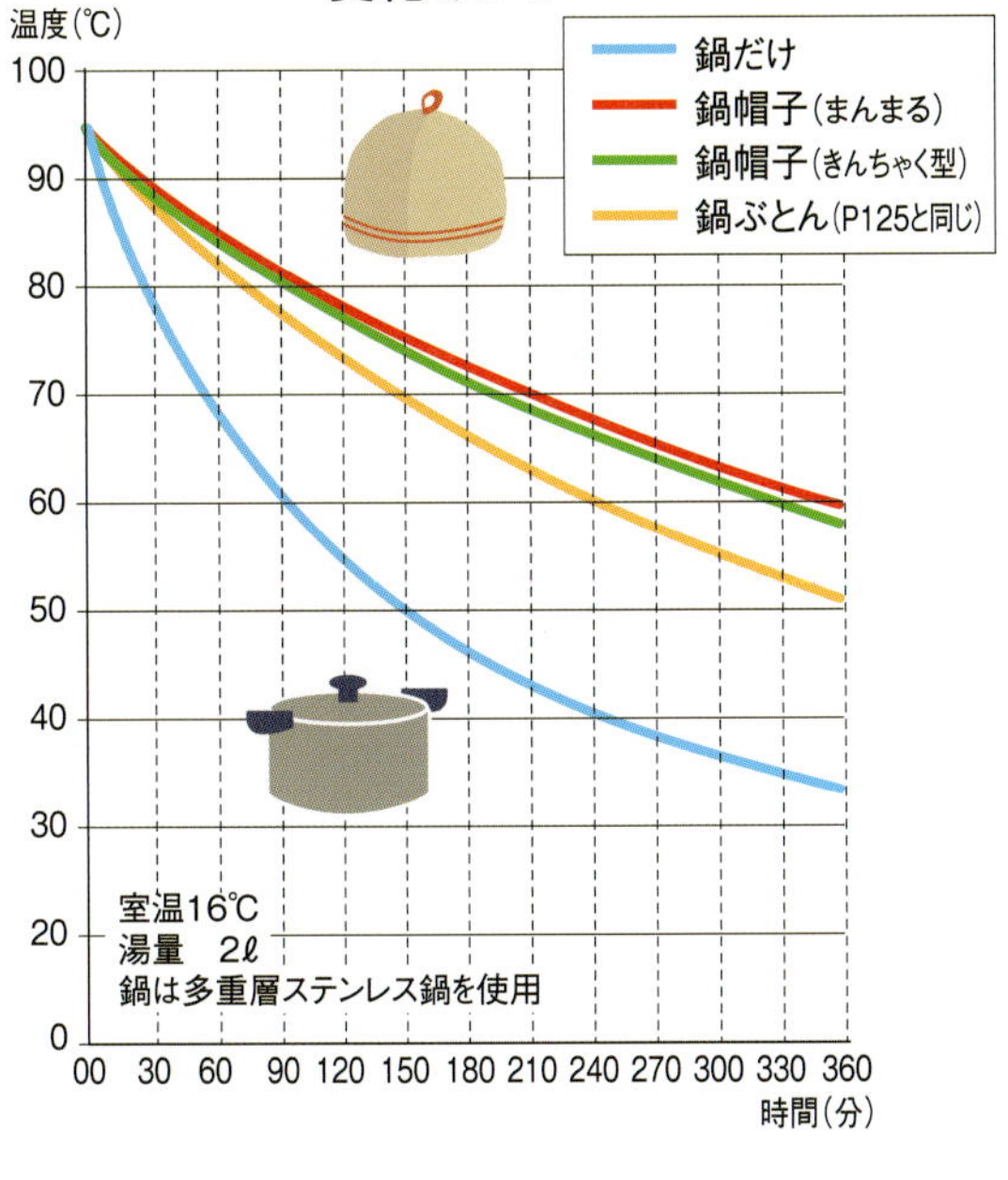

温度(℃)
100
90
80
70
60
50
40
30
20
0
00 30 60 90 120 150 180 210 240 270 300 330 360
時間(分)
鍋だけ
鍋帽子(まんまる)
鍋帽子(きんちゃく型)
鍋ぶとん(P125と同じ)
室温16℃
湯量　2ℓ
鍋は多重層ステンレス鍋を使用

火のそばにいなくていいのは、らくで安心

わが家は小さな子どもがいるので、火のそばについていなくていい鍋帽子は、本当に便利です。「あと少し火にかけておきたい」というときに、子どもに呼ばれて行かなくてはいけないこともしばしば。弱火にしてちょっと離れたすきに、そのまま忘れて、鍋をこがしてしまったこともありました。鍋帽子は、セットしてしまえば、あとはおまかせ。鍋をこがすこともありませんし、外出しても安心。また、来客時やおせちづくりなどで料理の品数が増えるときにも、火口が混みませんし、保温しておけばそのまま1品出せるよさも実感しています。

(アンケートより)

6

ガス、電気の使用量が減り、家計の節約に貢献

火を使う時間、換気扇を使う時間が短いので、ガス代と電気代が節約できます。

火にかける時間短縮の割合は、煮豆、汁ものが⅓〜⅙、煮こみ料理が½〜¼という実験結果も。熱伝導のよい多重構造の鍋と併用すると、より短時間の加熱、保温時間ですみます。

また、ごはんを鍋で炊いて鍋帽子でしあげるようになり、炊飯器を使わなくなったとの声もあります。炊飯器の保温機能も必要なくなるので、電気代は大幅に削減できます（実例66ページ参照）。

7

CO_2削減のエコクッキング

火にかけている時間が短くてすむので、ガスの使用量が減り、CO_2削減につながります（下グラフ参照）。

鍋帽子を使うとCO_2排出量が減る

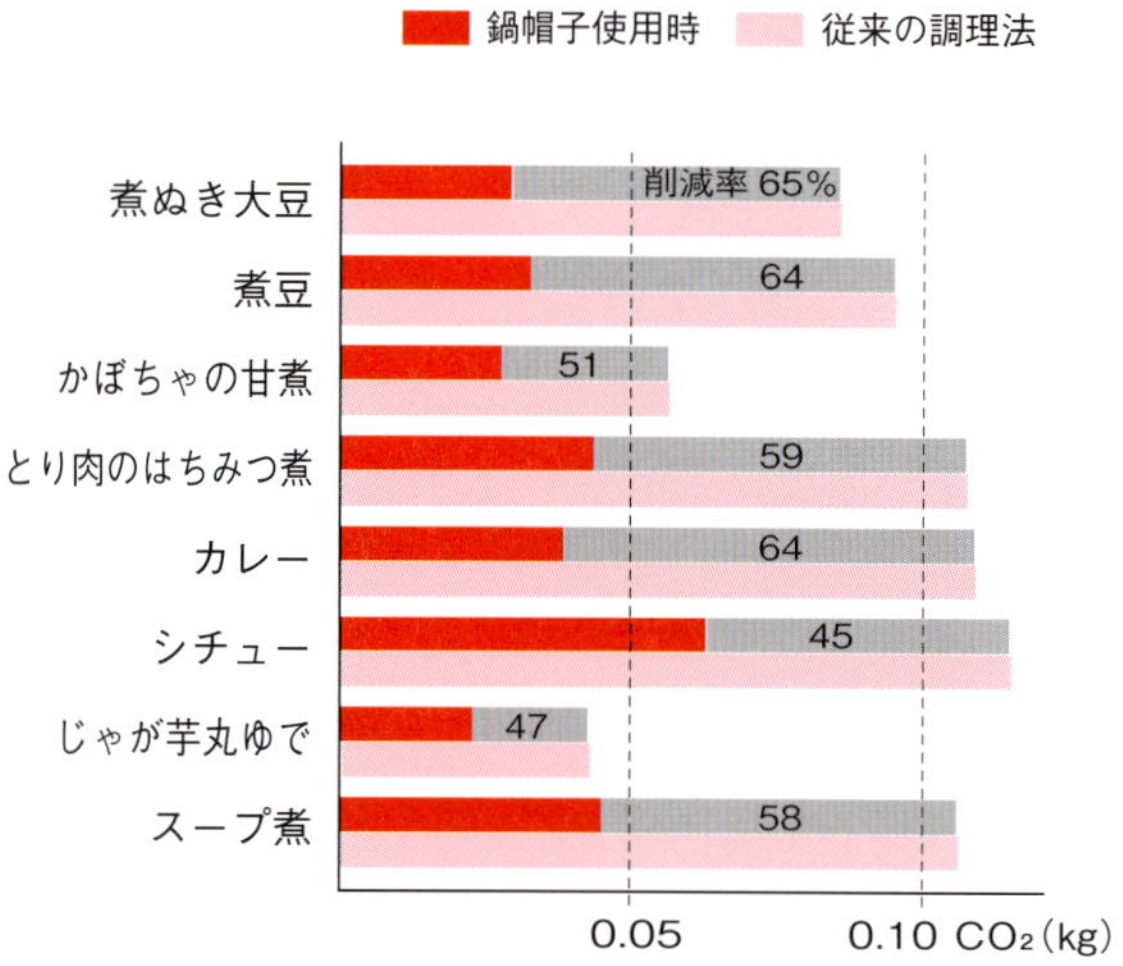

鍋帽子使用時
従来の調理法
煮ぬき大豆
削減率 65%
煮豆
64
かぼちゃの甘煮
51
とり肉のはちみつ煮
59
カレー
64
シチュー
45
じゃが芋丸ゆで
47
スープ煮
58
0.05
0.10 CO2（kg）

都市ガスの使用量をCO_2排出量に換算し、従来の調理法と比較した。保温調理をすると、ガスなどのエネルギー消費が少なくてすむ。《参考》CO_2排出量（kg）＝使用量×換算係数〈都市ガス（㎥）2.21、LPガス（㎥）6.5、電気（kWh）0.418〉環境家計簿東京都版より

8

手持ちの鍋を使えて経済的

ふだん使っている鍋にかぶせるだけ。サイズも27㎝の両手鍋まで対応しているので、ほぼどんな鍋にも使えます。「保温調理用の鍋」を買わなくても、保温調理ができるので経済的。

9

加熱時間が短く、夏でも涼しいキッチンに

火にかける時間が短いので、夏でもキッチンに立つのが苦になりません。朝の涼しいうちに調理しておくのがおすすめです。

10

保冷にも役立ちます

遮熱効果があるので、冷蔵庫に入れなくても冷たさを保てたり、保冷剤を入れて冷却効果を得ることもできます。詳しくは102ページ参照。

片手鍋にかぶせたいときは……

直径の小さな片手鍋なら、持ち手の部分まで鍋帽子にすっぽりと入りますが、大きめの片手鍋の場合は、持ち手が入りきらない場合も。片手鍋用の鍋帽子もつくれますが（つくり方P125）、まんまる鍋帽子を逆さまにして鍋を入れ、鍋座布団でふたをする方法もあります。ちょうど鍋の持ち手が、逆さにした鍋帽子の縁から外に出る状態で使います。

クーラーボックスとしても重宝

夏場の節電対策で、冷蔵庫の開閉を減らしたいと、麦茶の保冷に使っています。また、丸ごとスイカを冷やすときも、保冷剤といっしょに鍋帽子に入れ、クーラーボックスの代わりとしても大活躍です。

（アンケートより）

調理・使い方のきほん

鍋帽子調理のきほんは、左の通り。
あとは、レシピに合わせてアレンジします。

大根と豚バラのスープで手順を追ってみます

1 下ごしらえをする（きざみものなど）

大根は皮をむいてひと口大の乱切り、豚肉は2cmの角切り、ベーコンは3cm幅、長ねぎは小口切り。

2 材料を鍋に入れる

厚手鍋に豚肉、大根、ベーコンを入れる。

3 水を加える

水を加える。ひたひたか、かぶるくらいがちょどよい。

【材料】

大根	350g	酒	大さじ1
豚バラ肉（ブロック）	100g	塩	小さじ1
ベーコン（スライス）	2枚	こしょう	少々
長ねぎ	小1本	おろししょうが	適量
水	4カップ	三つ葉	適量

気をつけること

調理のこつ

● 鍋帽子は、余熱を活かした保温調理なので、煮る、蒸す、ゆでるなどが得意料理。揚げもの、炒めものには向きません。煮汁をとばしたい場合は、保温が終わってから再度火にかけて煮返します。

● 保温時間は、レシピにある表記を守りましょう。長くかけすぎると、かたくなってしまうものや、やわらかくなりすぎてしまうものもあります。また腐敗などの原因にもなります。

保温のしかたは……

● 鍋は必ず火口からおろし、平らな場所に置いて鍋帽子をかぶせます。

● 調理で鍋が汚れることがあるので、布巾などを鍋底にしいたり、鍋にかけたりしてから鍋帽子をかぶせるとよいでしょう。

4 火にかける

強火にかける。煮立ったら火を弱めてあくをすくい、長ねぎ、酒、塩を入れる。

5 沸とうしたらふたをして加熱

（鍋に対して水分が半分以上ある場合は、少しずらしてふたをする）

少しずらしてふたをして、中火で15分煮る。

6 火からおろして、鍋帽子をかぶせる

ふたをして火からおろし、鍋帽子をかぶせて40分おく。鍋の下に布巾をしいておくと、鍋座布団が汚れない。

7 保温が終わったら……完成！

再度火にかけ、塩、こしょうで味をととのえる。椀に盛っておろししょうが、きざんだ三つ葉をのせて完成。

●土鍋は熱効率がよく、保温性が高いので鍋帽子調理に向きますが、鍋帽子自体をこがしてしまう場合があります。タオルなどでくるんでから、鍋帽子をかぶせてください。また、ふたの蒸気ぬきの穴には、アルミホイルをつめます。

●子どものいる家庭では、やけどなどの事故を防ぐためにも、置き場所には気をつけましょう。特に、片手鍋は注意してください。

腐敗、菌の増殖を防ぐために

（詳しくは92ページ参照）

●鍋のふたをしたら沸とうさせ、そのふたは開けずにそのまま鍋帽子をかぶせること。いったん開けると、細菌が入りこむ原因になります。

●保温中にふたを開けたら、必ずもう一度火にかけ、ふたをして沸とうさせてから再保温。ふたを開けたものを、再加熱せずに保温を続けると、腐敗の原因になります。

●夏場は、細菌の繁殖しやすい温度帯（約35℃）が続かないように、じゅうぶん注意してください。

鍋帽子で調理すると、なぜおいしいのでしょう

■ 丸井浩美（管理栄養士）

うまみ、香り、風味が失われない調理法

食品を煮るときに大切なのは、加熱状態をコントロールすること。形状の変化、水分の蒸発、うまみ、香り、風味の損失を極力防ぐことが、おいしい煮ものをつくるこつです。

煮汁が煮立ってからの加熱は、火力を強くしても100℃を超えることはありません。加熱を続けると、燃料が無駄になるばかりではなく、水分の蒸発が激しくなり、こげついたり、煮くずれたり、煮汁がにごるなどの原因となります。特に、煮汁に調味料やとろみなどで濃度がついている場合は、煮汁の対流が緩慢なため、こげやすくなります。

その点、鍋帽子を使う保温調理では、こげついたり、形を損なうことなく加熱できます。また、鍋にふたをしているので水分が蒸発せず、鍋の中があたたかい空気に包まれ、穏やかに加熱されます。それは、水溶性のうまみ成分や香り、風味が失われにくく、おいしさにつながります。

また火加減は、食品そのものからの水分の流出にも影響を与えます。肉や魚などのたんぱく質性食品を煮る場合、強い火加減で煮続けていると、肉の収縮が肉の内部にまでおよび、肉汁の流出が多くなります。鍋帽子は、火にかけ続けない余熱調理ですから、肉汁が内部にとどまり、しっとりとジューシーにしあがるのです。

食材がやわらかくなる時間と、味がしみこむ時間が近いほどおいしい

食品は、加熱することで味がしみこみやすくなります。そして、一度加熱すればその状態を保つので、味をつけるために加熱し続ける必要はありません。そうした点を考えると、鍋帽子調理は理にかなっているといえます。

調味料や食品の味がとけ出した煮汁は、材料の表面からしだいに中心部まで浸透して、味つけが進んでいきます。そして、食品の味と、汁の味がほぼ平衡になり、食品がほどよいやわらかさになったとき、料理はおいしくなりますが、一般に食品が煮える時間の方が、中まで味がつく時間より短いものです。ですから、味がしみこむスピードに合わせるように、温度がゆっくり下がる中でやわらかくなる鍋帽子は、ちょうどよいバランスで調理しているといえます。

肉や野菜がおいしく煮える温度帯で

加熱温度と調理時間は、素材の種類や大きさによって異なりますが、基本的には、肉・魚介類は70～80℃、野菜類は85～95℃です。その温度より低いと、逆に硬化させる場合もあります。かたまり肉などの場合、最初の加熱時間があまり短いと、内部温度が低く、保温をしても軟化温度帯まで上がりきらず、何時間たってもかたいままということもありますから、注意が必要です。

（「調理の科学2」は92ページ）

2

これこそ鍋帽子で！ おすすめの11品

鍋帽子を愛用している方たちが、
おいしく、失敗なく、くりかえしつくっていると、
特にすすめてくださった料理ばかりです。

は沸とう後の加熱時間

は保温時間です

＝5分

＝60分

チキンポトフ

たっぷりのスープに、ごろごろサイズの具材が
ぎっしりつまったポトフ。
保温中に、じわじわとうまみが出て、
ふたをあけるとよい香りが広がります。
澄んだスープ、ほろりとくずれる肉と野菜は、
まさに鍋帽子のためのレシピです。

【材料】

とり手羽元	4本
とり手羽先	4本
サラダ油	適量
じゃが芋	中3個
人参	2本
セロリ	1本
玉ねぎ	中2個
キャベツ	小½個
水	約6カップ
塩	小さじ2
こしょう	少々
ベイリーフ	2～3枚
粒マスタード	適量

【つくり方】

1. フライパンにサラダ油を熱し、とり肉を入れ、表面に焼き色をつける。じゃが芋、人参は皮をむいて、大きめに切る。セロリはすじをとり、大きめに切る。玉ねぎは皮をむいて2～4等分、キャベツは芯をつけたまま4～6等分に切る。
2. 厚手の大鍋にとり肉と野菜を並べる。材料の頭が少し出るくらいに加減しながら分量の水を入れ、塩、こしょう、ベイリーフも加えて火にかける。煮立ったらあくをとり、ふたをして5分煮る。
3. 火からおろし、鍋帽子をかぶせて1～1時間半おく。
4. 再び火にかけ、味をととのえる。粒マスタードを添えて供す。

＝15分

＝120分

煮豚

かたまり肉こそ鍋帽子で！
長時間ことこと火にかけ続けなくても、保温しておけば
やわらかく、味もしっかりしみこみます。
そのままでもおいしく、
また他の料理にも展開できる味つけです。
煮汁で、じゃが芋や人参、大根などを煮ることもできます。

【材料】 つくりやすい1単位

豚肩ロース肉（ブロック）……500g×2
＊室温にもどしておく

煮汁
- しょうゆ……1カップ
- 酒……1カップ
- 砂糖……大さじ4
- しょうが……2片
- 長ねぎ……1本
- 水……6カップ

とき辛子……適量
レタスなど……適量

【つくり方】

❶豚肉はたこ糸でしばって形をととのえ、熱湯にくぐらせ霜ふりにする。しょうがは包丁の背でつぶす。長ねぎは5㎝長さに切る。

❷豚肉の長さと同じくらいの直径の鍋に、煮汁の材料を入れて火にかける。手引き湯くらいの温度（60℃）になったら、❶の肉を入れ、ふたをする。沸とうしたら中火にし、15〜20分煮て火からおろし、鍋帽子をかぶせて2時間以上おく。

❸好みの厚さにスライスし、とき辛子、レタスなどを添えていただく。

＊鍋帽子をはずして、鍋の中で冷めるまでひと晩おくと（夏場は冷蔵庫に入れる）、さらに味がなじみます。

◆かたまり肉を煮るときのこつ

煮汁は、肉の表面ひたひたまであること。少ない肉の量で煮汁を多くするより、ある程度まとまった量（800g〜1kg）を一度に煮る方が効率的です。
鍋の直径は、22㎝くらいがちょうどよいでしょう。

＝5分

＝30分

とりハム

パサつきがちなとりむね肉が、
しっとりやわらかくできあがります。
「とりハムをつくるようになって、ハムを買わなくなった」
との声も多く聞かれます。
そのままはもちろん、サラダ、サンドイッチと
出番の多い一品。

【材料】つくりやすい1単位

とりむね肉……2枚
砂糖……大さじ2
塩……大さじ1
粗びきこしょう……適量

水……2カップ
ローズマリー……2枝
ベイリーフ……2枚
粒こしょう……5〜6粒

グリーンリーフ……適量

【つくり方】

1. とり肉の皮をとりのぞき、砂糖、塩をよくすりこんで、粗びきこしょうをふる。
2. ビニール袋に入れて空気をぬき、冷蔵庫でひと晩おく。
3. 冷蔵庫から出して、30分くらい室温におく。
4. 鍋に水と香辛料、さっと洗った肉を入れて火にかける。沸とうしたらふたをして、弱火で5〜8分煮る。火からおろし、鍋帽子をかぶせて30分ほどおく。
5. 鍋帽子をはずして、煮汁につけたまま冷ます。
6. 薄く切ってグリーンリーフを添える。

＊写真は、煮汁をゼラチンでかためて上に散らしました。
＊煮汁につけたまま冷蔵庫で2〜3日保存できます。
＊煮汁もおいしいスープになりますが、塩分が濃いので薄めて使います。
＊香りを効かせたいときは、最初からハーブと一緒につけこみましょう。

砂糖、塩は手でしっかりすりこんで。

和風の茶碗蒸し

茶碗蒸し3種

ふんわりとろりとした口あたりの上、蒸し器を出さない手軽さも嬉しいもの。和・洋・中3種類の茶碗蒸しを紹介します。

和風の茶碗蒸し

季節の具を入れてどうぞ。

＝5分

＝10分

【材料】

とり肉	50g
生しいたけ	小4枚
卵	2個
Ⓐだし	2カップ
塩	小さじ⅔
しょうゆ	小さじ⅔
砂糖	小さじ⅔
三つ葉	適量

【つくり方】

1. とり肉は小さめのそぎ切りにし、酒としょうゆ少々（分量外）をふっておく。しいたけは軸をとって2つに切る。Ⓐを合わせ、冷ましておく。
2. 卵をとき、Ⓐをまぜてこし器でこす。
3. 茶碗蒸しの器にとり肉としいたけを入れて、❷をそそぐ。
4. 鍋に❸を並べ、器の高さの⅓くらいまで湯を入れて強火にかける。
5. 沸とうしたら中火にし、ふたをして5分加熱。
6. 鍋帽子をかぶせて10分おく。火の通り具合は、竹串をさして澄んだ汁があがってくるのを確認。食べる直前に粗くきざんだ三つ葉をのせる。

干しえびの茶碗蒸し

とりガラスープの中華風茶碗蒸し。干しえびと香菜をトッピングします。

＝5分

＝10分

【材料】

干しえび	大さじ1～2
卵	2個
Ⓐとりガラスープ	1½カップ
酒	小さじ¼
塩	小さじ¼
しょうゆ	小さじ¼
ごま油	大さじ½
香菜のざく切り	適量

【つくり方】
❶干しえびはひたひたの水につけてもどし、みじん切りにする。
❷ボウルにⒶと干しえびのもどし汁を入れて冷ます。
❸卵を割りほぐして❷に入れ、よくまぜ合わせてこし、器に入れる。
❹鍋に❸の器を並べ、器の高さの⅓くらいまで湯をそそぎ入れ、強火にかける。
❺沸とうしたら中火にし、ふたをして5分加熱する。
❻火からおろして鍋帽子をかぶせ、10分ほどおく。
❼しあげに干しえびと香菜をのせる。

きのことほうれん草のフラン

 ＝5分  ＝10分

フランとは、洋風の茶碗蒸し。具材やチーズの種類によっても味がかわるので、好みの味を楽しんで。

【材料】

しめじ	100g
ほうれん草	100g
アパレイユ	
卵	2個
牛乳	2カップ
塩	小さじ½〜1
こしょう	少々
ナチュラルチーズ（シュレッドタイプ）	60g

【つくり方】
❶しめじは石づきをとって小房に分け、ほうれん草はゆでて2〜3㎝長さに切る。少量の油（分量外）で炒めて冷ます。
❷アパレイユの材料をよくまぜ合わせ、こし器でこす。
❸器に❶とチーズを入れ、❷をそそぎ入れる。
❹鍋に❸を並べ、器の高さの⅓くらいまで湯を張り、中火にかける。
❺沸とう後ふたをして弱火で5分加熱。火からおろし鍋帽子をかぶせて10分おく。
＊塩の量はチーズの味で加減します。

＝5分＋5分

＝30分

肉じゃが

家庭料理の定番、肉じゃが。
じゃが芋は、大ぶりに切っても
しっかり味がしみこんで、中までほくほくに。

【材料】

牛薄切り肉(または豚肉)	200g
じゃが芋	500g
玉ねぎ	1個
人参	1本
しらたき	1玉
サラダ油	大さじ1
Ⓐしょうゆ	大さじ2
砂糖	大さじ2
酒	大さじ2
Ⓑしょうゆ	大さじ2〜3
みりん	大さじ1〜2
絹さや	少々

【下準備】

- 牛肉…ひと口大に切る
- じゃが芋…2〜4つ切り
- 玉ねぎ…1.5㎝幅のくし切り
- 人参…やや大きめの乱切り
- しらたき…食べやすい長さに切る
- 絹さや…すじをとり、塩ゆで

【つくり方】

1 鍋にサラダ油を熱し、牛肉を炒める。肉の色が変わったらⒶを入れてさっとからめ、とり出す。
2 ❶の鍋にじゃが芋と玉ねぎ、人参、しらたきを入れる。ひたひたの水とⒷを加えてふたをして火にかけ、沸とうしたらふたを少しずらして弱火で5〜6分煮る。
3 牛肉をもどし入れて軽くまぜ、ふたをする。
4 煮立ったら火からおろし、鍋帽子をかぶせて30分おく。最後に5分ほど火にかけて煮つめ加減にする。
5 器に盛り、絹さやを添える。

＝10分＋20分

＝20分＋60分

おでん

おでんは、時間が味つけしてくれる料理。
おつゆまでいただけるやさしい味なので、
だしはP99を参考においしくひきましょう。
厚めに切った大根は、ほかの具材より
火が通りにくいので下ゆでします。

【材料】

大根	½本
里芋（大きめ）	8個
こんにゃく	1枚
ちくわ	2本
ゆで卵	4個
京がんも	小4個
ごぼう巻き、はんぺん、揚げボールなど	適量
結び昆布	8本
Ⓐだし	7カップ
Ⓐ酒	大さじ2
Ⓐ塩	小さじ1
Ⓐ薄口しょうゆ	大さじ3
とき辛子	適量

【つくり方】

1. 大根は厚さ3㎝の輪切りにして皮をむき、米のとぎ汁でゆで、沸とうしたらふたをし、10分加熱。火からおろし、鍋帽子をかぶせて20分おく。
2. その間に、里芋は皮をむき、その他の材料は食べやすい大きさに切る。ごぼう巻きや揚げボールは湯通しする。
3. 鍋にさっと洗った❶、こんにゃく、Ⓐを入れて中火にかけ、沸とう後弱火で15分煮る。はんぺん以外の残りの材料を入れてさらに5分煮る。味をみて塩加減し、ふたをして鍋帽子をかぶせて1時間以上おく。
4. はんぺんを入れて少しあたため、ふんわりしたところで食卓へ。とき辛子を添える。

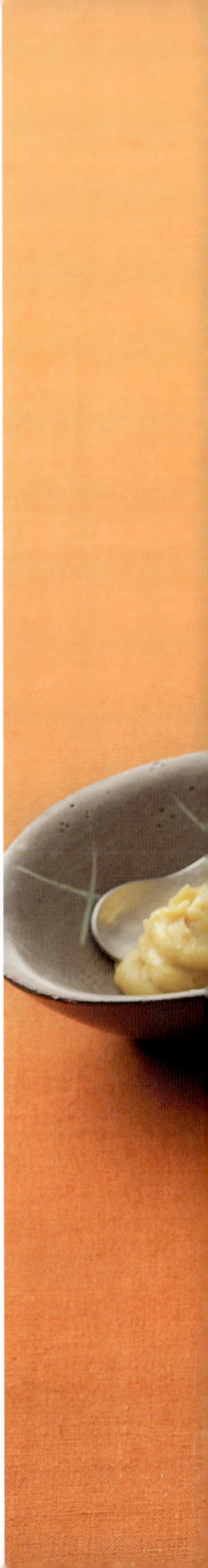

＝10分

＝30分

ミネストローネ

イタリア風の実だくさんスープ。
野菜の香りを逃さずに保温できます。
豆のかわりにパスタを入れてもよいでしょう。

【材料】

じゃが芋	200g（1個）
玉ねぎ	1個
人参	1本
キャベツ	4枚
セロリ	½本
ベーコン（ブロック）	50g
トマト水煮缶	400g（1缶）
白いんげん豆水煮	½カップ
にんにく	1片
オリーブオイル	大さじ2
水	4カップ
固形スープの素	1個
ベイリーフ	1枚
塩	小さじ1
こしょう	適量
パセリのみじん切り	適量
パルメザンチーズ	適量

【つくり方】

1. にんにくはみじん切り、じゃが芋は1㎝の角切り、その他の野菜は1㎝の色紙切り。ベーコンは5～6㎜の角切りにする。トマトの水煮缶はボウルにあけてくずす。
2. 鍋にオリーブオイルをあたため、にんにく、玉ねぎ、ベーコンを入れて香りが出るまでよく炒める。
3. 残りの野菜、トマトの水煮を入れてさっと炒め、ふたをして中火の弱で約10分蒸し煮にする。
4. 白いんげん豆の水煮、ベイリーフを入れて、固形スープの素と水を入れる。
5. 沸とうしたら、塩、こしょうで味つけし、ふたをしてひと煮する。火からおろし、鍋帽子をかぶせて30分以上おく。
6. いただく直前に火にかけて味をととのえる。器に盛りつけ、チーズとパセリをふる。

＊白いんげん豆（乾）をゆでる場合は、P96の白花豆参照。

炊きこみごはん2種

=7分 =30分

五目炊きこみごはん

鍋炊きの味つけごはんは香りが立ちふっくらします。具材はあるものを使い、わが家の味をどうぞ。

【材料】

米……………………3カップ
だし ┐合わせて660ml
酒（大さじ3）┘（米の1割増し）

具 とりもも肉……………150g
しめじ…………100g(1パック)
油揚げ……………………1枚
人参………………………50g
ごぼう……………50g(½本)

Ⓐ 砂糖……………………小さじ2
薄口しょうゆ…………大さじ2
塩……………………小さじ1½
みりん…………………小さじ2

【下準備】

- 米…洗って鍋に入れ、分量のだしと酒に30分〜1時間つけておく
- とり肉…1㎝くらいのそぎ切り
- しめじ…石づきをとり、小房に分ける
- 油揚げ…油ぬきし、縦半分に切って細切り
- 人参…2〜3㎝長さの細切り
- ごぼう…ささがきにし、水にさらしてざるにあげる
- Ⓐを合わせておく

【つくり方】

❶米の鍋に具とⒶを入れてかるくまぜ合わせ、ふたをして強火にかける。沸とう後は弱火で7〜8分加熱する。
❷火からおろし、鍋帽子をかぶせて30分おく。
❸茶碗に盛りつける。
＊調味料を入れる前に水加減して吸水させておくと、芯ごはんになりません。

すき昆布たっぷり炊きこみごはん

 ＝5分  ＝20分

素材の味を楽しめる味つけごはん。
具材の準備も手間どりません。
何度でもつくってみてください。

【材料】

米	2カップ
豚こま切れ肉	150g
人参	50g
すき昆布（乾燥）	6g（¼枚）
サラダ油	大さじ1
Ⓐだし	480ml
塩	小さじ1
しょうゆ	大さじ1

【下準備】

- 米…30分前に洗ってざるにあげる
- 豚こま切れ肉…1cm幅に切る
- 人参…3〜4cm長さの細切り
- すき昆布…3〜4cm長さに切り、たっぷりの水でもどし、水けをきる
- Ⓐを合わせておく

【つくり方】

1. 厚手鍋にサラダ油を熱し、豚肉を脂が出るまでよく炒めて、人参、すき昆布を入れる。全体に油がまわったら米を加えて炒め、Ⓐを入れてよくまぜ、ふたをして中火にし、沸とう後は弱火で5分加熱する。
2. 火からおろし、鍋帽子をかぶせて20〜25分おく。
3. あたたかいところを茶碗に盛る。

速水陽子（50代）

1日3回―夜、朝、夕―に集中して台所仕事

時刻	1日の流れ	火口2つ、鍋帽子2つのやりくり
21：00 22：00 23：00 24：00（0：00） 1：00	●夕食後の1時間 片づけをしながら、火口も休ませない 「豆」など乾物類の浸水（夏場は冷蔵）	●前夜からの下ごしらえ ガスコンロ❶ とりハムをゆでる ゆで汁→スープに ガスコンロ❷ 野菜スープをつくる 野菜は夕食用意で切っておく
5：00 6：00 7：00 8：00 9：00 10：00 11：00	〈朝食メニュー〉 ロールパン 野菜スープ ゆで卵 とりハム 人参ジャム ●朝食前後の1時間 朝食用意と並行して準備すれば時間短縮に ・お米とぎ ・冷凍品（つくり置き）の解凍	●朝食づくり ガスコンロ❶ 湯をわかす →保温ポットへ ゆで卵をゆでる 金時豆をゆでる ガスコンロ❷ 野菜スープの再加熱
12：00 13：00 14：00 15：00 16：00 17：00	（昼食）おべんとう	時間のあるときに ●人参ジャム（つくり方P115）づくり ●プルーンの甘煮づくり ●青菜をゆでておく ●大豆をゆでる（→かき揚げ、五目豆、サラダ） ●五目ごはんの素を煮る（→ちらし寿司、炊きこみごはん、いり豆腐） ●ひじきの薄味煮をつくって冷凍する（→常備菜、サラダ） など
18：00 19：00 20：00	●帰宅後の30分 ごはんの鍋を火にかけて、メインのおかずづくり 〈夕食メニュー〉 ごはん（炊きたてが重要） みそ汁 焼き魚 かんたん煮しめ 金時豆の甘煮 ほうれん草のおひたし	●夕食づくり ガスコンロ❶ 金時豆の味つけ 魚を焼く ガスコンロ❷ ごはんを炊く 湯をわかす →麦茶用、食器洗い かんたん煮しめをつくる ●翌日の下ごしらえ ガスコンロ❶ 蒸し野菜1kgをつくる ・野菜は、夕食用意のときに切る

忙しい日の食事用意

私は、3つの時間帯に重点をおいて台所仕事をしています。1日の食事は、遅くとも前日の夕食後から準備にとりかかることが大切。余熱時間を含めた先取りの時間配分で用意するおかず、その積み重ねで食卓が豊かになります。火口2つ、鍋帽子2つをフル活用してその効果を実感しています。

鍋帽子にスムーズに働いてもらうためには、1～2日先の献立を決めておくことも役立ちます。買いものや、するべき下ごしらえが見えてきますし、常備菜の補充も確認できます。

3

今夜の肉料理は、煮こみ、煮ものを中心に

かたまり肉にじっくり火を通したり、
野菜といっしょの煮こみや煮ものは鍋帽子の得意技。
骨つき肉はほろりとやわらかく、ひき肉は肉汁が包みこまれて——。

は沸とう後の加熱時間

は保温時間です

＝45分

＝120分

ビーフシチュー

すね肉の加熱時間は45分。
普段の½以下に短縮されて、
手間も肉のやわらかさにも大満足。

【材料】

牛すね肉（ブロック）……500g
塩……小さじ⅘（肉の0.8%）
こしょう……適量
オリーブオイル……大さじ3
玉ねぎ……150g（大½個）
人参……80g（½本）
セロリ……80g（小1本）
にんにく……1片
小麦粉……大さじ3
赤ワイン……1〜1½カップ
トマト水煮缶……1缶（400g）
トマトペースト……大さじ2〜3
塩……小さじ1
こしょう……少々
砂糖……小さじ1
水……2カップ
ベイリーフ……1枚

＊ゆで野菜（適宜切って）
小玉ねぎ、人参、じゃが芋、いんげんなど……適量

【つくり方】

❶牛肉は塩、こしょうをまぶして30分ほど室温にもどしておく。野菜はざく切り、にんにくは薄切りにする。
❷厚手鍋にオリーブオイルを熱し、肉の周囲を強火で焼いてとり出す。
❸❷の鍋に玉ねぎ、人参、セロリ、にんにくを加えて炒める。
❹野菜がしんなりしたら小麦粉を全体にふり入れ、木べらでていねいに炒める。
❺赤ワインを入れて、とろみがでるまで4〜5分加熱し、トマトの水煮、トマトペースト、塩、こしょう、砂糖、水、ベイリーフを入れて、鍋底からよくまぜる。
❻肉をもどし入れ、沸とう後、中火にしてあくをとり、ふたをして弱火で45分、ときどき鍋底をこそげるようにしながら加熱。火からおろし、鍋帽子をかぶせて2時間おく。
❼肉がやわらかくなっていたらとり出し、好みの大きさに切る。ベイリーフをとり出した煮汁はミキサーにかける。
❽❼のソースを鍋にもどして火にかけ、塩、こしょう（各分量外）で味をととのえ、肉とゆで野菜を入れてあたためる。
＊このレシピはすね肉のうまみを残すためにブロックでつくりますが、好みの大きさに切って調理すると、加熱時間はやや短縮されます。

かたまり肉がやわらかくなるのに必要な温度は70℃以上。500gの肉の中心がその温度に達するには、沸とう後15分ほどかかります。さらに、牛すね肉はすじが多くかたいので、他の肉よりも加熱と保温の時間が必要になります。

＝10分＋5分

＝60分

ボルシチ

ビーツの甘みと、野菜のうまみがつまったひと鍋料理ボルシチ。
ロシアでは、その味が家庭の数ほどあるそうです。
ベーコンや豚肉、スペアリブを使うと、
また違った味わいが生まれます。生のビーツが手に入る方は、
ほかの野菜とともに最初から鍋に入れて煮こんでください。
寒い日に、熱々をどうぞ。

【材料】

牛肩ロース肉（ブロック）	400g
玉ねぎ	中1個
じゃが芋	2個
人参	中1本
セロリ	1本
キャベツ	¼個
ビーツ缶（スライス）	1缶（200g）
トマト水煮缶	1缶（400g）
にんにく	小1片
水	1L
固形スープの素	2個
ベイリーフ	2枚
塩	小さじ1～2
こしょう	少々
サラダ油	大さじ2

【つくり方】

1. 牛肉はひと口大に切る。
2. にんにくはみじん切り、玉ねぎは薄切りにする。じゃが芋、人参、セロリ、キャベツはひと口大に切る。
3. サラダ油を熱し牛肉を炒める。にんにく、玉ねぎを加えてさらに炒め、じゃが芋、人参、セロリを入れる。
4. 水と固形スープの素、ベイリーフを入れ、トマトの水煮をつぶしながら加え、ふたをして沸とうしたら10分ほど煮こむ。キャベツを入れ、煮立ったら火からおろし、鍋帽子をかぶせて1時間おく。鍋帽子をはずし、味をみて、塩、こしょうを加える。水をきったビーツを入れ、再び中火にかけ、5分ほど煮る。
5. 熱々を器に盛る。

＊好みでサワークリームをかけます。

＝30分＋30分

＝60分＋90分

豚の角煮

時間がおいしくする角煮。
火にかけるのは最小限にとどめて、
2回に分けて加熱します。
鍋帽子の〝保温力〟を実感するひと皿。

【材料】　つくりやすい1単位

豚バラ肉（ブロック）……800g
＊30分室温にもどしておく
しょうが（薄切り）……4〜5枚
水……6カップ
Ⓐ酒……1カップ
　しょうゆ……½カップ
　みりん……⅔カップ
　砂糖……大さじ3
　水……2カップ
ほうれん草などの青み……適量
とき辛子……適量

【つくり方】

❶豚肉は8等分に切る。

❷鍋に❶としょうがを入れ、水をそそぎ、中火にかける。沸とうしたら肉が少し動くくらいの火加減で30分ゆでる。火からおろし、鍋帽子をかぶせて1時間おく。

❸肉をとり出して別鍋に入れ、Ⓐを加えて中火にかける。沸とうしたらふたをして、弱火で30分加熱。火からおろす。鍋帽子をかぶせて1時間半以上おく。

❹いただく直前に再加熱して煮汁をからませ、器に盛る。青みと、とき辛子を添える。

＊残った煮汁は、一度冷まして脂をのぞいた後、大根、じゃが芋、ゆで卵などを煮るとよいでしょう。

＝8分＋5分

＝30分＋60分

みそ煮豚

パサつきがちなもも肉も、火にかける時間が少ないのでしっとりしあがります。最後に煮つめた甘辛いみそだれをかけると、ごはんがすすみます。

【材料】　つくりやすい1単位

豚もも肉（ブロック）……500g×2
みそ……大さじ2
Ⓐ水……4カップ
　しょうゆ……大さじ4
　酒……大さじ3
砂糖……30～40g

＊つけ合わせ
きゅうり、玉ねぎなど……適量

【つくり方】

❶豚肉はたこ糸で形をととのえ、みそをまんべんなく塗り、1時間ほど室温におく。
❷厚手鍋に、❶とⒶを入れて強火にかける。あくをすくいながら煮立たせ、沸とう後ふたをして中火で8～10分、ときどき、上下を返して煮る。
❸火からおろし、鍋帽子をかぶせて30分おく。
❹❸に砂糖を入れて再び火にかけ、沸とうしたらふたをして5分ほど煮立てる。再度、鍋帽子をかぶせて1時間おく。
❺煮汁1カップ分を小鍋にとり分けて火にかける。半量くらいに煮つめ、たれにする。
❻肉は薄く切って盛り、スライスした野菜を添える。

ポークカレー

＝7分

＝40分

市販のルーでつくる手軽なカレー。煮こむ時間は7分です。鍋帽子をかぶせている間は水分が蒸発しないので、水の量は控えめです。具はお好みで、なすやさつま芋、きのこなどにしてもよいでしょう。

【材料】

豚肩ロース肉（ブロック）……300g
じゃが芋……2個
人参……1本
玉ねぎ……1個半
サラダ油……大さじ1
水……2 ½カップ
カレールー……½箱（4人分）

【つくり方】

❶ 豚肉はひと口大に切る。
❷ 玉ねぎは半分にしてから薄切りにする。じゃが芋、人参は食べやすい大きさに切る。
❸ 鍋にサラダ油を熱して、玉ねぎをよく炒める。豚肉、人参を加えて炒める。
❹ 分量の水を入れて沸とうしたらじゃが芋を加え、ふたをして弱火で7分煮て火を止め、細かくきざんだカレールーを入れる。
❺ 再び火をつけ、沸とうしたらふたをして火からおろし、鍋帽子をかぶせて40分おく。
❻ ごはんとともに盛りつける。好みの薬味を添えて。

＝20分

＝60分

豚肉のワイン煮

比較的煮汁が少なめなので、途中、上下を返しながら赤ワインの色をまんべんなくつけます。一度に食べきれない分は冷凍しておくと便利です。

【材料】　つくりやすい1単位

豚肩ロース肉（ブロック）……500g×2
塩……小さじ2弱
こしょう……少々
人参……1本
玉ねぎ……1個
セロリ……1本
オリーブオイル……大さじ1強
赤ワイン……2カップ
こしょう……少々
バルサミコ酢……大さじ2
パセリ……1枝
セロリの葉……1枝
塩……少々

＊つけ合わせ
グリーンアスパラガス、カリフラワー、ブロッコリー……各適量

【つくり方】

❶豚肉はたこ糸で形をととのえて、表面に塩、こしょうをして、室温に30分ほどおく。

❷人参、玉ねぎ、セロリは薄切りにする。

❸厚手鍋にオリーブオイルの半量を入れて、肉の全面に焼き色をつけ、皿にとり出す。

❹鍋に残りのオリーブオイルを入れて、野菜をていねいに炒める（こがさないように）。肉をもどし入れ、ワインを入れて沸とうさせる。こしょうとバルサミコ酢、香味野菜を加えてふたをし、弱火で20～25分、途中上下を返して煮る。火からおろし、鍋帽子をかぶせて1時間以上おく。

＊冬場は前夜にここまでして、鍋帽子をかぶせたままひと晩おくと、さらにしっかり味がなじみます。

❺肉は食べやすくスライスする。

❻野菜とスープはミキサーにかけてピュレ状にする。小鍋に入れて火にかけ、塩で味をととのえ、肉にかける。塩ゆでしたつけ合わせを添える。

＊❸、❹の炒めるところではフライパンを使い、煮るときに、ふたのできる厚手鍋に移してもよいでしょう。

＊残った肉は薄くスライスし、サンドイッチにはさんでも。

=15分+5分

=30分

筑前煮

肉も野菜も一度にとれるひとつ鍋料理の定番、筑前煮。下ごしらえを手早くすませれば、あとは鍋帽子がしあげてくれます。

【材料】
とりもも肉……2枚(450g)
下味
　しょうゆ…………小さじ2
　みりん…………小さじ2
ごぼう…………1本
れんこん…………1節
人参…………1本
里芋…………4個
ゆでたけのこ…………小1本(120g)
干ししいたけ…………4枚
こんにゃく……1枚(200g)
サラダ油…………大さじ1
干ししいたけのもどし汁…………1カップ
Ⓐしょうゆ…………大さじ4
　酒…………大さじ3
　砂糖…………大さじ2
　みりん…………大さじ1
　塩…………小さじ1
絹さや…………適量

【下準備】
・とり肉…ひと口大に切り、下味をつける
・干ししいたけ…もどしてひと口大のそぎ切り、もどし汁はとっておく
・こんにゃく…ひと口大にちぎる
・絹さや…すじをとり、塩ゆでにする
・他の野菜…乱切りにする

【つくり方】
❶鍋に油をひき、とり肉、他の材料を炒め、干ししいたけのもどし汁とⒶを加える。
❷ふたをして強火にかけ、煮立ったら中火にし、途中上下を返して15分煮る。
❸火からおろして鍋帽子をかぶせ、30分以上保温する。最後に5分ほど火にかけ、煮汁をとばしながら煮返す。
❹器に盛りつけ、絹さやを散らす。

＝15分

＝60分

とり手羽元のさっぱり煮

酸味が効いてさっぱりした煮もの。暑い時期にも、食がすすみます。骨ばなれがよいので、子どもにも食べやすいでしょう。

【材料】

とり手羽元	500g（8〜10本）
ゆで卵	4個
人参	1本
Ⓐしょうゆ	大さじ5
酢	大さじ2 ½
砂糖	大さじ3 ½
しょうが	20g
にんにく	2片
水	2カップ
絹さや	適量

【つくり方】

❶人参は1cm厚さの輪切り、しょうが、にんにくは薄切りにする。

❷鍋にⒶを煮立て、とり肉、ゆで卵、人参を入れて落としぶたときせぶたをして、沸とう後15分煮る。火からおろし、鍋帽子をかぶせて1時間おく。

❸器に盛りつけ、塩ゆでし、せん切りにした絹さやをあしらう。

＝10分

＝20分

とりのトマト煮こみ

とり肉がふっくらとしあがる煮こみです。
トマトとハーブの香りが効き、彩りもきれいな元気の出る一品。

【 材料 】

とりもも肉	2枚（400g）
塩	小さじ½
こしょう	2ふり分
小麦粉	大さじ2
玉ねぎ	½個
小玉ねぎ	8個（約200g）
ピーマン	2個
パプリカ（赤・黄）	各1個
マッシュルーム（生）	1パック（約100g）
レモンのしぼり汁	小さじ2
トマト水煮缶	1缶（400g）
サラダ油	大さじ1
バター	大さじ1
ベイリーフ	1枚
ローズマリー（生）	小枝1本分（乾燥なら小さじ½）
白ワイン	¼カップ
塩	小さじ⅔
こしょう	4ふり分
ローズマリー（生・飾り用）	適量

【つくり方】

❶とり肉は大きめのぶつ切りにし、塩、こしょうする。

❷玉ねぎはみじん切り、小玉ねぎは皮をむく（湯につけるとむきやすい）。ピーマンは縦半分に切り、2〜3つに切る。パプリカもピーマンと同じ大きさに切る。マッシュルームは石づきをとり、レモン汁をまぶす。トマトの水煮はボウルにあけてくずす。

❸鍋にサラダ油とバターを熱し、とり肉にかるく粉をまぶしつけながら入れていく。よい焼き色がついたら返し、玉ねぎ、ベイリーフ、ローズマリーを入れて中火で焼く。小玉ねぎ、パプリカを加えて油をなじませ、火を強くしてワインをそそぎ、アルコール分をとばす。

❹トマトの水煮、マッシュルームを入れ、塩、こしょうしてふたをし、沸とう後中火で5分、ピーマンを加えてさらに5分加熱して、とろみがついたら火を止める。鍋帽子をかぶせて20分おく。

❺彩りよく器に盛りつけ、ローズマリーを飾る。

サムゲタン

＝15分＋5分

＝60分＋60分

韓国料理のサムゲタンも、鍋帽子を使うと思いのほか手軽につくれます。具に高麗人参2本、生栗5個、クコの実適量を加えると、さらに本格的な味わいに。もち米を入れずに、ひなどりを手羽元やもも肉にかえると、サムゲタン風スープとしても楽しめます。

【材料】

ひなどり（または小さめの丸どり）……1羽（約1kg）
Ⓐにんにく……5片
　干しなつめ……5個
　もち米……大さじ5
　（10分ほど水につけておく）
　ぎんなん（ゆで）……8個
長ねぎ（ぶつ切り）……1本分
しょうが（薄切り）……1片分
塩……小さじ2
＊薄味にしあげ、食べるときに調整

片手で入れ口を広げ、具をつめる。

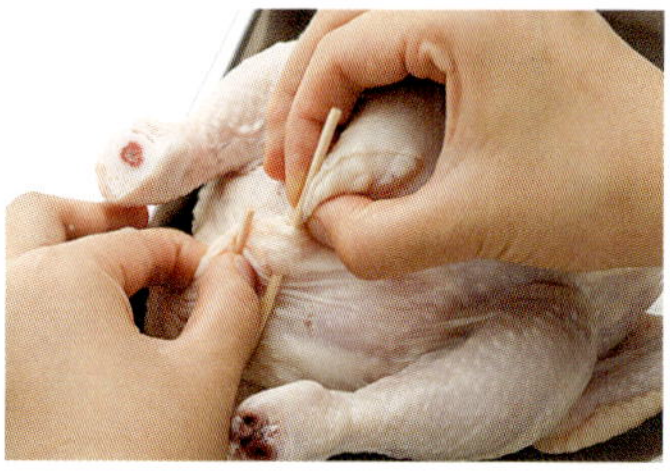
左右から竹串をさして、しっかり止める。

とりの形をととのえて、鍋におさめる。

【つくり方】

❶ひなどりは、おなかの中をきれいに洗い、水けをふきとり、首をつまようじまたは竹串で止める。

❷お尻からⒶをつめ、同じように竹串でしっかり止める。

❸鍋に❷と、かぶるくらいの水と長ねぎ、しょうが、塩を入れ、強火にかける。煮立ったらあくをとり、ふたをして弱火で15～20分煮る。

❹火からおろし、鍋帽子をかぶせて1時間おく。もう一度火にかけ、沸とうしたら5分煮て、さらに1時間以上鍋帽子をかぶせておく。

❺とりの身をほぐし、具のにんにくはつぶして器にとり分け、白髪ねぎ、塩、こしょう（各分量外）を添えて、味をととのえながらいただく。

クリームシチュー

家族みんなが好きな〝あったかクリームシチュー〟。
大ぶりにきざんだ野菜も鍋帽子なら煮くずれず、ほっくりと。

＝9分

＝30分

【材料】

とりもも肉	300g
塩	小さじ⅓
こしょう	適量
小麦粉	適量
サラダ油	適量
じゃが芋	2〜3個
玉ねぎ	2個
人参	1本
カリフラワー	½株
ブロッコリー	½株
Ⓐ水	2カップ
固形スープの素	1個
ベイリーフ	1枚
バター	40g
小麦粉	大さじ5
牛乳	2カップ
＊30〜40℃に温めて使う	
塩	小さじ1

【つくり方】

❶じゃが芋は4つ切り、玉ねぎは1㎝の色紙切り、人参は1㎝厚さの輪切りにする。

❷ブロッコリーは小房に分けて塩ゆで、カリフラワーは小房に分けておく。

❸とり肉はひと口大に切り、塩、こしょうし、小麦粉を薄くまぶす。鍋を熱してサラダ油をひき、とり肉の両面をかるく焼く。

❹❸の鍋に❶とⒶを加えて中火にかけ、煮立ったら5分煮て、カリフラワーとベイリーフを入れ、沸とう後1分煮て火を止める。

❺ボウルにバターをとかし、小麦粉と合わせて練る。❹のスープでときながら鍋に入れ、牛乳、塩も加え、火をつけて、再沸とうしたらふたをし、3分煮て火を止める。火からおろし、鍋帽子をかぶせて30分おく。

❻❺にブロッコリーを入れ、かるくあたためて、器に彩りよく盛る。

肉づめピーマン

＝4分

＝20分

肉汁をそのままとじこめた、やさしい口あたり。オーブンを使うよりしっとりできあがります。

【材料】

ピーマン	6個
とりひき肉	300g
Ⓐしょうゆ	大さじ1
酒	大さじ1
塩	小さじ½
卵	½個
小麦粉	適量
サラダ油	適量
水	½カップ
グリーンリーフ	適量

【つくり方】

❶ピーマンは縦2つ切りにして種をとり、さっとゆでる。内側に小麦粉をかるくふっておく。

❷ひき肉とⒶを合わせてよくまぜ、❶につめる。肉の表面に小麦粉を薄くつける。

❸厚手鍋にサラダ油をひいてあたため、肉の面を下にして並べ、約4分焼く。

❹裏返して、分量の水を入れてふたをし、煮立ったら火からおろす。

❺鍋帽子をかぶせて、約20分おいたらできあがり。グリーンリーフなどを添える。

＝5分

＝30分

大きな肉だんご

肉のうまみがギュッとつまり、
ふっくらしあがる肉だんごは、鍋帽子の得意技。
大きくつくって、たっぷり味わいましょう。

【材料】

白菜	800g
豚ひき肉	350〜400g
Ⓐ長ねぎのみじん切り	小1本分
しょうが汁	小さじ1
しょうゆ	大さじ1
酒	大さじ1
片栗粉	大さじ2
卵	1個
小麦粉	適量
サラダ油	大さじ1
しょうがのみじん切り	小さじ1
しょうゆ	大さじ1
酒	大さじ3
塩	小さじ1
水	1カップ

【つくり方】

❶白菜は縦2つ割りにし、横2〜3つくらいに切る。

❷ひき肉とⒶの材料をよくまぜ合わせ、4つに分けてひとつずつ肉だんごに丸め、表面に薄く小麦粉をまぶす。

❸鍋にサラダ油を熱し、❷の両面によい焼き色をつけ、とり出しておく（中まで火が通っていなくてもよい）。

❹そのままの鍋にしょうがのみじん切りを入れ、油が熱せられたところで白菜を入れ、強火でさっと炒める。

❺肉だんごを白菜の上にのせ、しょうゆ、酒をまわしかけ、塩と水を入れる。ふたをして、沸とう後5〜8分煮る。火からおろし、鍋帽子をかぶせて30分おく。

＝10分

＝60分

ロールキャベツ

10分煮こむだけでキャベツの葉がとろけるように煮あがる、うれしいひと皿。
ひと並べに入る大きさの鍋を選ぶと煮くずれしません。

【材料】　8個分

キャベツ……1個

Ⓐ合びき肉……150g
　玉ねぎ……150g
　パン粉……大さじ2
　牛乳……大さじ2
　卵……½個
　塩……小さじ½
　こしょう・ナツメグ……各少々

固形スープの素……1個
ベイリーフ……1枚
塩……小さじ1
こしょう……少々
コーンスターチ……小さじ1～2（3倍の水でとく）
パセリのみじん切り……適量

【つくり方】

❶湯を沸かし、芯をくりぬいたキャベツの穴を上にして、丸ごと入れる。3～4分ゆでたら、やわらかくなった外葉から順にはがし、根元のかたい部分はそいでおく。玉ねぎはみじん切り、パン粉は牛乳にひたしておく。

❷ボウルにⒶを入れ、よくまぜて練っておく。

❸❷を8等分してキャベツの葉1～2枚で包む。

❹厚手鍋に❸のとじ目を下にして並べ、ひたひたに水を張り、固形スープの素とベイリーフを入れ、ふたをして煮る。沸とう後、中火で10分煮て火からおろし、鍋帽子をかぶせて1時間おく。

❺いただく直前に再び火にかけ、塩、こしょうで味をととのえる。

❻ロールキャベツを器に盛る。スープは水どきのコーンスターチを入れて火にかけ、とろみをつけてそそぎ、パセリを散らす。

＊キャベツの内側の小さい葉は、大きい葉の内側に重ねて巻くとよいでしょう。

＊巻き終わりは乾燥スパゲッティで止めても。

＝5分

＝20分

ミートソースパスタ

牛ひき肉でつくる本格的なミートソース。
鍋帽子調理では、蒸発がほとんどないため、生や水煮のトマトではなく、ピューレを使ってこくと香りを出しました。

【材料】

牛ひき肉	500g
オリーブオイル	大さじ2
玉ねぎ	100g
人参	100g
セロリ	100g
小麦粉	大さじ2
Ⓐ赤ワイン	50ml
トマトピューレ	200g
オレガノまたはバジル（乾燥）	適量
固形スープの素	1個
塩	小さじ2
こしょう	少々
フェットチーネ	300g
熱湯	3L
塩	大さじ1½（湯量の0.8％）

【つくり方】

❶野菜はすべてみじん切りにする。

❷鍋にオリーブオイルをあたため、玉ねぎをすき通るまで炒める。ひき肉を入れ、色が変わったら人参、セロリの順で炒める。

❸小麦粉を入れて炒め、粉っぽさがなくなったらⒶを入れる。中火のまま、沸とうしたらまぜながら5分煮て、ふたをする。火からおろし、鍋帽子をかぶせて20分以上おく。

❹沸とう湯に塩を入れ、フェットチーネをゆでる。器に盛って、ソースをかける。

＊好みでバジルを飾ります。

◆鍋帽子での乾麺のゆで方

①鍋に8分目の湯を沸かす。

②乾麺をさばいて入れ、再沸とうしたら火からおろす。

③袋の表記時間だけ保温し、ざるにあける。

私の鍋帽子ライフ 2

岡﨑直子（60代）

いつのまにか鍋に「煮もの」の花が

古い毛布を綿がわりにして、お気に入りのマフラーをはぎ合わせてつくったのが私の鍋帽子、一代目。以来、子どものベビー布団カバーやセーターなど、思い出の生地を使ってつくりかえてきました。

「鍋帽子料理」といっても、わが家では、煮ものもスープも、ごはんものも味つけはふだんとほとんど同じです。しあげに、少し煮つめたり、味をととのえるだけ。煮くずれる心配もないので、今日はじゃが芋がたくさんあるから丸のままのポトフにしようとか、子どもも食べるから、小ぶりに切って、火にかける時間を短くしようなど、少しアレンジするだけで、材料の切り方も形も思いのまま。

また味の相性を考えて、とり肉のとなりにごぼうの乱切りをおき、その横に人参、大根、こんにゃくと、きれいに並べて下ごしらえしておけば、いつのまにか、味がよくしみた煮ものが、鍋にお花が咲いたようにできあがっているのです。特に煮ものは、1kgなんていわず、たっぷり1.5kgつくっておけば、明日のおかずの小鉢にも、お弁当にも間違いなくおいしく、私のゆとりも生まれるおまけつき。

長年、鍋帽子が手放せなかったのは、食べ盛りの子どもがいたころも、夫婦2人になった今も、忙しい日にこの帽子に何度も〝助けられた〟からなのでしょうね。

右／自宅で料理講習をすることも多い。左／肉じゃがもきれいに並べてつくると、この通り。

私の鍋帽子ライフ 3

山﨑美津江（60代）

鍋帽子を通して広まる「気持ち」

15、6年前、「鍋帽子」に出合って間もなく「鍋帽子を縫う会」のリーダーになってしまいました。型紙から、4枚×2組の布を裁ち、帽子のように縫い合わせて、裏表重ねて綿を入れる……。意外に簡単です。裁断とはぎ合わせは家で。綿つめとしあげを、集まってしました。私も手持ちの布でつくりはじめたら、これが楽しい！　勢いで4つも5つも縫ってしまい、娘や姪、兄嫁にと、もらわれていきました。

リタイアした夫も今では愛用者。東日本大震災後、夫婦で節電に試行錯誤し、6月には思い切って電気炊飯器を台所から撤去。ごはん炊き係の夫は目分量で水加減し、鍋帽子で上手に炊きあげてくれるようになりました。

被災地でも鍋帽子は引っ張りだこです。全国の友の会員がボランティアで縫い、各地の青空市などの際に、低価格でお分けしています。仮設住宅はコンロが2口ですから、ごはんとおみそ汁以外に煮ものをつくって保温もできるので、助かるとのこと。遠く離れていても応援する気持ち、復興への祈りが「鍋帽子」のあたたかさを通して広まっていけば……と願っています。

右／愛用の鍋帽子は毎日活躍。左／2つの鍋帽子を容器に入れて吊り戸棚へ。

4

魚介のうまみ、たっぷり味わって

ふたを開けずに蒸したり煮たり……。
うまみも香りも逃さない、
おいしさのつまった魚介料理をたのしんでください。

は沸とう後の加熱時間

は保温時間です

＝5分

＝30分

アクアパッツァ風

アクアパッツァは水とワインで煮た魚料理。
丸ごと一尾を手軽に調理できるのが魅力です。
魚介とハーブの香りがぎゅっとつまったおいしさは、
くつくつ煮ない鍋帽子ならでは。
スープの味も、堪能してください。
味つけもシンプルでつくりやすいので、
新鮮な季節の魚でどうぞ。

【材料】

- 魚（いさき、ほうぼう、すずき、たいなど）……2尾（1尾約350g）
- 塩……少々
- こしょう……少々
- あさり（砂ぬき済み）……200g
- ミニトマト……8個
- Ⓐにんにく……1片
  - オリーブの実（黒）……6個
  - オリーブオイル……大さじ1
  - 白ワイン……1カップ
  - 水……1カップ
  - 赤唐辛子……½本
- イタリアンパセリ……適量

【つくり方】

❶魚はうろことはらわた、えらをとり、塩、こしょうする。あさりはよく洗い、ミニトマトはへたをとっておく。
❷にんにくはつぶし、赤唐辛子は種をとりのぞく。
❸浅鍋にⒶを煮立てる。❶を入れてときどき煮汁をかけながら5〜6分煮る。ふたをして火からおろし、鍋帽子をかぶせて30分おく。
❹器に彩りよく盛り、イタリアンパセリを添える。

＝10分

＝10分

サーモンの香り蒸し

さけ、きのこ、ハーブの香りがひとつに。夏は冷やしていただくのも美味です。

【材料】

生さけの切り身……………4切れ
塩……………………………少々
こしょう……………………少々
きのこ類（しめじ、しいたけ、えのきだけなど）…………200g

調味液
にんにくの薄切り……………1片分
レモンのしぼり汁……………大さじ1
ベイリーフ…………………2枚
オリーブオイル…大さじ2
白ワイン……………大さじ2
塩……………………小さじ⅓
こしょう……………………少々

＊飾り用
レモン、フェンネル……………各適量

【つくり方】

❶生さけはひと口大に切り、塩、こしょうで下味をつける。調味液を合わせておく。

❷きのこは石づきをとり、小房に分ける。または薄切りにする。

❸浅鍋にクッキングシートをしき（鍋の縁にかかるくらいにしておくと、とり出しやすい）、❶と❷を並べ、調味液をかけて10分ほどおく。

❹❸の鍋の1～2㎝の高さまで、クッキングシートと鍋の間に水をそそぎ、火にかける。煮立ったらふたをして弱火で10分煮て火からおろし、鍋帽子をかぶせて約10分おく。

❺レモンは薄いいちょう切りにする。

❻❹を器に盛って❺を散らし、フェンネルを飾る。

＊上からレモンのしぼり汁をかけてもよいでしょう。

バーニャカウダソース

オリーブオイルに
にんにくを入れて、こげないように
気をつけながらつくるバーニャカウダ。
やさしくゆっくり熱を加える鍋帽子なら、
こげる心配はまったくありません。
蒸しえびや蒸し野菜を彩りよく盛り、
あたたかいソースをたっぷりつけてどうぞ。

【材料】 つくりやすい1単位
にんにく……4片
オリーブオイル……½カップ
アンチョビー（フィレ）……小1缶（45g）
オレガノ（乾燥）……大さじ1～2（好みで）

蒸しえび（串にさして蒸す）4尾
蒸し野菜……適量
（グリーンアスパラガス、じゃが芋、人参、パプリカなど）

【つくり方】

1. 厚手の小鍋に、オリーブオイルとにんにくを入れて弱火にかける。
2. 煮立ってきたらふたをして1分加熱。火からおろし、鍋帽子をかぶせて15分ほどおく。
3. アンチョビーをみじん切りにする。
4. にんにくがほっくりやわらかくなったら、フォークでつぶし、アンチョビー、オレガノを加えてよくまぜ、かるく火を通す。
5. ❹を器に盛り、蒸しえび、蒸し野菜（P71参照）を盛り合わせる。

＝3分

＝15分

白身魚のムニエル

短時間でつくれるムニエルに、あえて鍋帽子を使うのは、白身がふっくらしあがるから。
離乳食や高齢者むけの、のどごしのよい料理にも応用できます。
その場合、ワインは薄味のスープにかえて。

【材料】

白身魚の切り身（かれい、たらなど）‥4切れ
塩、こしょう、小麦粉……………………各適量
サラダ油……………………………………適量

ソース
　白ワイン…………………………½カップ
　バター……………………………大さじ1
　塩、こしょう……………………各少々
パセリのみじん切り………………………適量

じゃが芋……………………………………2個
ミニトマト…………………………………8個

【つくり方】

❶魚に塩、こしょうし、薄く小麦粉をつける。
❷フライパンにサラダ油をあたため、中火で魚の両面にこげ目をつけるように3〜5分焼く。
❸ふたをして火からおろし、鍋帽子をかぶせて15分おく。
❹白ワインとバターを小鍋に入れて火にかけ、塩、こしょうで味をととのえ、ソースをつくる。
❺じゃが芋は粉ふき芋にし、ミニトマトは半分に切る。
❻皿に❸を盛り、ソースとパセリをかけ、つけ合わせを添える。

＝5分

＝60分

いかと根菜類の煮もの

冬から春にかけておいしいいかを、皮つきのまま煮ものに。やわらかく煮あがります。野菜は、下ゆでせずに直接煮るので、手間がかかりません。

【材料】

いか（するめいか、やりいかなど・生）……1ぱい
大根……200g
人参……1本
ごぼう……200g
だし汁……250ml
砂糖……小さじ1
しょうゆ……大さじ1⅓
酒……大さじ1
塩……少々

【つくり方】

❶いかは、げそと内臓をぬいて、流水できれいに洗う。胴は皮つき7～8㎜幅の輪切りにし、げそは1～2本ずつ切り離す。

❷大根と人参は3～4㎜厚さのいちょう切り、または半月切りにし、ごぼうは3～4㎜厚さの斜め切りにする。

❸だし汁に❶、❷を入れる。沸とうしたらふたをして、中火で5分煮る。

❹調味料を入れて少し煮つめ、ふたをして火からおろす。

❺鍋帽子をかぶせて1時間おく。熱いところを盛りつける。

＝10分＋20分

＝120分

さんまの甘露煮

鍋帽子をかぶせておけば、いつのまにかほろりとやわらかい甘露煮のできあがり。新鮮なさんまなら臭みがないので、下ゆで（つくり方❸）の必要はありません。

【材料】

さんま	5尾
ごぼう	1本
酢	大さじ2
酒	大さじ4
しょうゆ	大さじ4
みりん	大さじ4
砂糖	大さじ5
しょうがのせん切り	1片分

【つくり方】

❶さんまは頭を落とし、5～6つの筒切りにし、はらわたをとって流水でよく洗う。

❷ごぼうは厚さ5㎜ほどの斜め切りにする。

❸鍋に❶、❷とひたひたより少し多めの水を入れて10分ほど煮立て、ゆでこぼす。

❹鍋に❸、酢、ひたひたの水を入れて、あくをとりながら5分煮る。残りの調味料としょうがのせん切りを加え、落としぶたときせぶたをして15～20分煮る。

❺火からおろし、鍋帽子をかぶせて2時間おく。煮汁を少し煮つめてできあがり。

＝5分

＝30分

さんまのピリ辛煮

コチュジャンを入れた韓国風のピリ辛煮。
濃いめの味つけで、
ごはんのすすむおかずです。

【材料】

さんま	4尾
長ねぎ	1本
しょうゆ	大さじ4
砂糖	大さじ3
酢	大さじ2
コチュジャン	大さじ2
水	½カップ
赤唐辛子（種をとる）	1本

【つくり方】

❶さんまは頭を落とし、4つの筒切りにして、はらわたをとって流水でよく洗う。ペーパータオルで水けをふく。

❷長ねぎは、白い部分約4cmをせん切りにし、水にさらして白髪ねぎにする。残りは3cm長さのぶつ切りにする。

❸鍋に調味料と水を入れて弱火で煮立て、❶と、ぶつ切りにした長ねぎ、2つにちぎった赤唐辛子を入れ、中火で5分煮る。

❹さんまにほぼ火が通って身がしまったら、煮汁をスプーンで全体にかける。ふたをして火からおろし、鍋帽子をかぶせて30分おく。

❺器に盛り、❷の白髪ねぎを天盛りする。

家族も笑顔！時間を生み出す鍋帽子

大谷雅江（40代） 夫、子ども3人の5人家族

	1日の流れ
5：00	
6：00	起床
7：00	●朝食 〈メニュー〉ごはん みそ汁 野菜入りオムレツ
8：00	出勤（または友の会）子どもたちは、学校、幼稚園へ
9：00	
10：00	
11：00	
12：00	帰宅
13：00	●昼食 〈メニュー〉朝の残りもの
14：00	幼稚園にお迎え
15：00	子どもと遊ぶ 軽食 〈メニュー〉おにぎり 手づくりプリン
16：00	習いごと送迎①②③
17：00	↓
18：00	途中買いもの
19：00	●夕食 〈メニュー〉ごはん シチュー ひじきの煮もの 甘酢づけ
20：00	夫帰宅 ― 鍋帽子で保温しておいた夕食
21：00	
22：00	
23：00	就寝
24：00	
1：00	

火口2つ、鍋帽子3つのやりくり

●約1時間（朝）

ガスコンロ❶	ガスコンロ❷
みそ汁をつくる 卵料理	ごはんを炊く（1日分5～6合）

- 朝食づくりは、おべんとうづくり（前日準備利用）と並行しながら、手早く
- 家事に集中できる時間には、夕食の主菜、副菜づくり、手間のかかる豆料理などを。野菜は切っておく

●約40分間（昼）

ガスコンロ❶	ガスコンロ❷
夕食用主菜づくり（カレー、シチュー、ハヤシライス） おやつづくり（プリンなど）	夕食用副菜づくり（根菜、海藻を使って）

●あたためるだけ（夕方）

ガスコンロ❶	ガスコンロ❷
主菜の再加熱	汁もの用意

●10～15分間（夜）

ガスコンロ❶	ガスコンロ❷
翌日のおべんとうのおかずつくり	

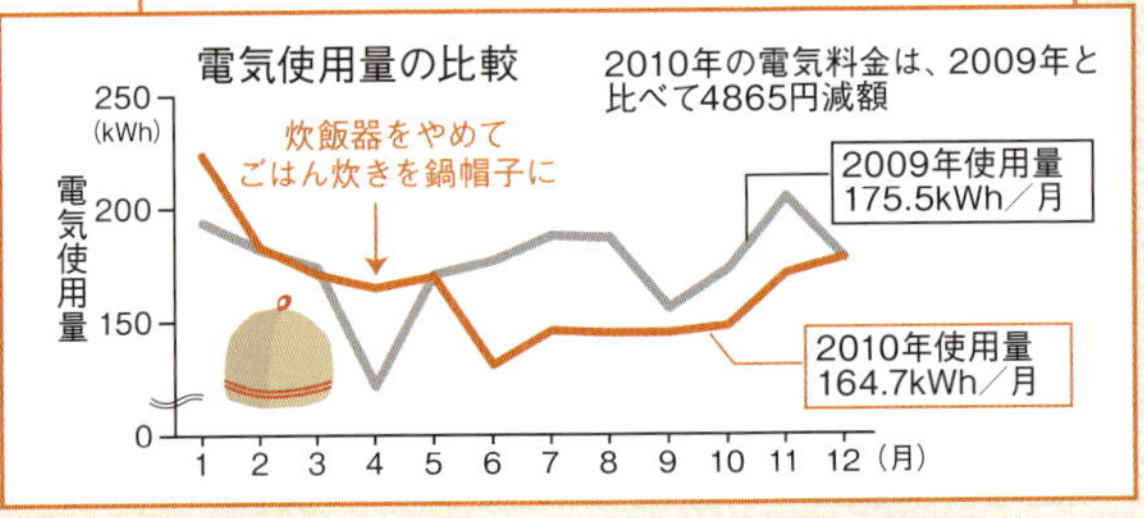

電気使用量も下がって

使い始めて6年目、鍋帽子が大好きです。一昨年、炊飯器がこわれたのを機に、「鍋炊き炊飯」を試みました。2つだった鍋帽子をもう1つふやして、3つの利用に。それまでは、毎日の炊飯とその保温に24時間電源を入れていましたが、炊飯器をやめると電気の使用量が変化しました（上グラフ参照）。その後、置き場所も工夫して（P120）炊飯器なしの生活を継続中です。

材料を加熱したらあとは鍋帽子におまかせ。安心して子どもと外へ出かけられます。帰ればすぐにほかほかの夕食が。家族みんなで機嫌よく生活しています。

5

「ゆでる」にも大活躍

肉、野菜、豆、卵……。
素材をゆでたり蒸したりしておけば、それだけで1品になるほか、
下ごしらえのすんだ素材は、手早い料理の助けにも。

は沸とう後の加熱時間

は保温時間です

ゆで豚

＝15分

＝60分

豚のかたまり肉は、ゆでると余分な脂がぬけ、スライスや細切りなどにしていろいろな料理に使える用途の広い肉です。500gを2本、一度にゆでると便利です。

【鍋のサイズについて】
かたまり肉がぴったり入る直径18〜20cmの鍋がよいでしょう。1本のときは、さらに小さい直径約15cm、深さ約8cmの鍋で。

【つくり方】
❶厚手鍋に肉がかぶるくらいの水、長ねぎ、しょうが、塩を入れて火にかけ、手引き湯(60℃)になったら肉を入れる。
❷沸とう後ふたをして、弱火で15〜20分煮る。鍋帽子をかぶせて1時間おき、ゆで汁につけたまま冷ます。
＊好みの厚さに切り、辛子酢じょうゆや梅じょうゆ、にんにくじょうゆなどで。

【材料】 1単位
豚肩ロース肉(ブロック)
………500g×2本 ＊常温で
長ねぎ…………………½本
しょうが………………1片
塩………………ゆで汁の0.8％

〈ゆで豚を使って〉
・筍とゆで豚の炒めものに。味つけはしょうゆとみりんで。
・ゴーヤチャンプルーに、豚肉入り炊きこみごはん、涼拌三絲に。
・ゆで汁は、こしてスープに、調味して豚汁、肉じゃが、煮ものなどに。

ゆでどり

＝5分

＝30分

さっぱりといただけるとり肉を下ゆでしておき、サラダやサンドイッチに使います。

【つくり方】
❶とり肉は、塩、こしょう、酒をまぶしてビニール袋に入れ、約15分おく。
❷鍋に水、長ねぎ、しょうがを入れて火にかけ、沸とうしたら肉を入れてふたをする。再び沸とうしたら火を弱めて5分間加熱し、火からおろし、鍋帽子をかぶせて30分おく。とり出してしぜんに冷ます。

【材料】 1単位
とり肉…2枚(約500g)
(ももまたはむね)
塩…………小さじ1
こしょう………少々
酒………………少々
水…………2カップ
長ねぎ…………½本
しょうが………1片

〈ゆでどりを使って〉
・バンバンジーに。細くさいたゆでどりと、せん切り野菜を合わせてごまだれをかける。
バンバンジーのたれ
酢大さじ1／砂糖大さじ1〜2／ねりごま大さじ2／しょうゆ大さじ2／ラー油小さじ½／ごま油小さじ½／長ねぎ、しょうがみじん切り各大さじ½
＊ねぎとしょうがを入れなければ、瓶に入れて冷蔵庫で長期保存できる。
・サンドイッチには薄切りにしたゆでどりと野菜をはさむほか、とけるタイプのチーズとゆでどりでホットサンドも美味！

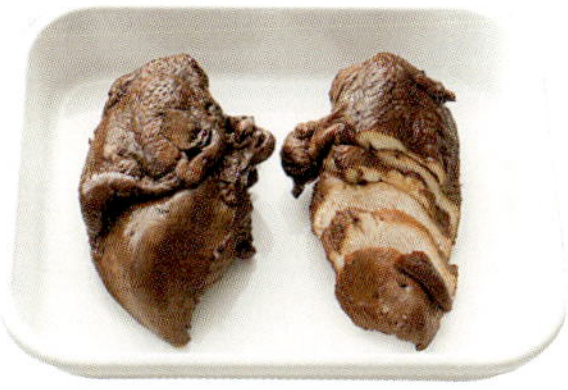

ゆでどりを応用して

調味料を加えれば、そのままいただける味つきのとり肉に。お弁当のおかずにも向きます。

 =5分  =30分

コーヒーチキン

インスタントコーヒーがとり肉のくさみを消し、スモークしたような味わい深い一品に。

【材料】 1単位

とりむね肉	2枚（約500ｇ）
インスタントコーヒー	大さじ1～2
水	2カップ
Ⓐしょうゆ	½カップ
酒	½カップ
みりん	½カップ
酢	½カップ

【つくり方】

❶水にインスタントコーヒーを入れてとかす。

❷❶を沸とうさせ、とり肉を入れてふたをする。再沸とうしたら5分煮る。

❸火からおろし、鍋帽子をかぶせて30分おく。

❹Ⓐをひと煮立ちさせ、熱いうちに❸のとり肉をつける。粗熱がとれたら冷蔵庫に入れてひと晩おく。

＊とり肉は火が通りすぎるとかたくなるので、鍋帽子の時間を守りましょう。

〈コーヒーチキンを使って〉

- 細切りにして、さらしたスライス玉ねぎ、レモンと盛り合わせる。
- 粗くさいて、サラダに。
- スライスしたバゲットにアボカド、トマト、きゅうり、レタスとはさむ。

 =5分  =30分

とり肉のはちみつ煮

甘辛味の照り焼き風。はちみつの作用で、つややかにしあがる一品です。残った煮汁は好みの味に薄めて、大根、里芋、じゃが芋、長芋などを煮るとよいでしょう。

【材料】 1単位

とりもも肉	2枚（約500ｇ）
Ⓐしょうゆ	½カップ
はちみつ	½カップ
酒	大さじ2

【つくり方】

❶とり肉は皮に、フォークなどで数カ所穴をあけておく。

❷鍋にⒶを煮立てる。❶を入れ、あくをとりながら5分ほど煮る。

❸ふたをして火からおろし、鍋帽子をかぶせて30分以上おく。

〈とり肉のはちみつ煮を使って〉

- バンズにはさんでハンバーガーに。
- 白髪ねぎと合わせ、わさびを添えて。

ゆで野菜

丸ごとのじゃが芋をやわらかくゆでようと思ったら、1時間近くかかります。鍋帽子なら、ずっと短い時間ですみ、栄養分や香りが流失することもありません。ゆでた野菜は、好みのたれやソースをかけていただいたり、料理に展開するなど、使い勝手もよく、重宝です。蒸す場合も、時間は同じ。小さく切れば、保温時間が短縮されます。

材料	状態	沸とう後のゆで時間	保温時間
じゃが芋	丸ごと	10分	20～30分
人参	丸ごと	10分	20～30分
さつま芋	丸ごと	10分	20～30分
かぼちゃ	⅙～⅛等分	5分	20分
玉ねぎ	½等分	5分	10分
キャベツ	¼等分	2分	3分
グリーンアスパラガス	丸ごと	1分	3分
セロリ	丸ごと	1分	3分
パプリカ	½等分	1分	3分

〈ゆで野菜を使った展開料理〉

- シチュー、スープ、ポタージュ、サラダ、グラタンなどに。
- ホットサラダに。

フライパンに1㎝幅に切ったベーコン、みじん切りにしたにんにくを入れて火にかけ、ベーコンの脂が出てきたら、薄切りの玉ねぎを入れて炒める。小房に分けたしめじも加え、全体に火が通ったら、粗く切ったゆでじゃが芋と、ゆでて3㎝長さに切ったほうれん草を入れる。軽く塩、こしょうをして、マヨネーズを入れてさらに炒める。アクセントにピンクペッパーを入れてできあがり。

◆ゆで野菜の味つけは…

塩やオリーブオイルをふるだけ、ドレッシング、マヨネーズなどのほか、バーニャカウダソース（P61）、ジェノベーゼソース、サワークリーム＋明太子ディップなどもよく合います。

ゆで卵いろいろ

ゆで卵も沸とうしたら火からおろして鍋帽子をかぶせておけば完成です。

【材料】
卵（常温）……適量

温泉卵　鍋に卵と、かぶるくらいの水を入れ、中火にかける。温度が75℃になったらふたをして火からおろし、鍋帽子を

1つの鍋で蒸し野菜いろいろ

何種類かの野菜を一度に蒸してみましょう。かたい野菜は鍋の底の方に、やわらかいものは上に入れて、先にとり出します。

【材料】
- じゃが芋……2〜3個(2〜3つに切る)
- かぼちゃ……1/8個(横、厚さともに半分に切る)
- さつま芋……1本(2〜3つに切る)
- 人参……1本(長さ半分、縦に4〜6等分にする)
- 玉ねぎ……2個(1/2個に切る)
- キャベツ……1/2個(6等分にする)
- グリーンアスパラガス……3本
- セロリ……1本
- パプリカ……2個(縦半分に切る)

【つくり方】
1. 大きめの鍋を用意して鍋底に熱湯をはり、さな(または平皿)を入れる。
2. ❶の鍋に根菜などかたい野菜から順に重ねて、ふたをして火にかける。
3. 沸とう後1分加熱、火からおろし鍋帽子を3分かぶせる。
4. やわらかくなったら葉もの、彩り野菜をとり出す。
5. 再び火にかけて5分加熱し、火からおろして鍋帽子を20分かぶせる。

＊野菜は季節のものを数種類とり合わせても。
＊好みのソース(右ページ)、たれ、肉みそなどをかけて。

かぶせて12分おき、すぐに水にとる。

半熟　鍋に卵とかぶるくらいの水を入れて中火にかける。沸とう後ふたをして火からおろし、鍋帽子をかぶせて3分おく。

かたゆで　鍋に卵と、かぶるくらいの水を入れて中火にかける。沸とうしたらふたをして火からおろし、鍋帽子をかぶせて7分おく。

＊卵の数、大きさ、鍋の種類によってやわらかさが違ってくるので、好みによって調節する。

〈ゆで卵を使って〉

温泉卵
- 牛の薄切り肉をさっと焼いて塩、こしょうし、温泉卵をとろりとつけて。
- 椀だねに。

半熟卵
- グリーンサラダに半熟卵をくずして入れる。ドレッシングと黄身がとろっとからんでボリュームのあるサラダに。

かたゆで卵
- ホワイトソース、ほうれん草といっしょにグラタンに。パルミジャーノをたっぷりかけて。
- おせち料理の錦卵に。

大豆をゆでる

＝10分

＝4時間

鍋帽子を使うと、豆をゆでたり煮たりすることが、気軽にできるようになります。

前の晩に水につけておき、朝、少しの時間火にかけて、鍋帽子をかぶせておけば、ふっくらとやわらかいゆで豆のできあがり。

何時間もことこと火にかけ続けたり、火口についていなくてもよいのですから、本当に手間なしです。

＊新豆とそうでない豆とでは、火にかける回数や鍋帽子にかぶせる時間が異なります。

＊大豆のほか、黒豆、金時豆、白いんげん豆、ひよこ豆などは、ふっくらと煮あがる種類です。

【材料】　大豆（乾）…約250g

【ゆで方】

❶豆のかさの3倍の水にひと晩つける。

❷つけ汁のまま（常に豆の上まで煮汁があるように）火にかけ、沸とうしたら弱火にし、あくをとりながら10分煮てふたをする。

❸火からおろし、鍋帽子をかぶせて4〜5時間おく（右写真）。

＊❸でやわらかくならないときは、❷、❸を数回くり返す。

ぶどう豆

＝15分

＝2時間

ゆで大豆を使って、お弁当のおかずや箸休めに。

【材料】

ゆで大豆……3カップ

Ⓐ砂糖……½カップ
塩……小さじ½
しょうゆ……大さじ½
水……2カップ強

【つくり方】

❶鍋にⒶを入れて煮立て、ゆで大豆を入れ、沸とうしたら火を弱め、ふたをして15分煮る。火からおろし、鍋帽子をかぶせて2時間おく。

❷再度火にかけ、全体がとろりとつややかになるまで煮汁を煮つめる。

＝5＋1分

＝180分

金時豆の甘煮

煮豆づくりの達人、中島紘子さんに、失敗なくできる豆の煮方を教えていただきました。「ちょっとかたかったり、煮くずれたり…」そんなときにはぜひこの手順をたどってみてください。基本のふっくら煮豆は、白いんげん豆、あずき、うぐいす豆などでもおためしください。

＊豆料理（P94～）も参照

【材料】

金時豆（乾）……………300g
砂糖……………150～180g
（豆に対して50～60％）
しょうゆ……………大さじ1
塩……………小さじ⅓～½
・鍋は直径20㎝がめやす

【つくり方】

1 金時豆は洗って鍋に入れ、豆の3倍の水にひたす。ふたをしてひと晩おく。

2 ❶を火にかけ、沸とう後火からおろし、豆はざるにあげてゆでこぼす。鍋を洗って豆をもどし入れ、ひたひたの熱湯をそそいで再び火にかける。

3 煮立ったらふたをして中火にし、5～7分加熱。火からおろして鍋帽子をかぶせ、2時間おく（＊）。

4 豆がやわらかくなったことを確かめて味つけする。ゆで汁約1カップをボウルにとっておき、鍋に調味料を加える。その後、水分量が豆にひたひたになるように、とりおいたゆで汁を加える。再び火にかけて、沸とう後1～2分加熱、箸で鍋肌、鍋底をひとまぜし、ふたをして火を止める。鍋帽子をかぶせて1時間おく。

5 ❹の煮汁をやや煮つめて容器に移す。

＊❸でやわらかくならない場合は、もう一度火にかけて沸とう後1分加熱、再び鍋帽子をかぶせて1時間おくとよいでしょう。

＊豆がやわらかくならないうちに調味すると、しまってかたくなるので注意します。

私の鍋帽子ライフ 5
竹山玲子（60代）

一度の手間が数回分の食事に——野菜のくりまわし

2人暮らしの食卓を、朝晩ととのえていますが、鍋帽子を使い始めてからは、半調理の野菜がいつもできているので、ぐっとスムーズになりました。季節の根菜を昆布水で多めに煮ておき、翌日や翌々日、煮もの、汁もの、サラダ、ソテーなどに展開。今回は具だくさんの汁ものを紹介します。

基本のゆで野菜

＊直径22cmの鍋で

【つくり方】

❶人参1本は半月切り、大根500gは皮をむいていちょう切り、ごぼう½本は斜め薄切り、里芋4個は皮をむいて縦半分に切り、それを3等分に切る。

❷鍋に昆布（6×6cmを2枚）を入れ、ごぼう、大根、人参、里芋の順に入れて水5カップを加え、ふたをして火にかける。沸とうしたら2～3分煮て鍋帽子をかぶせ、1時間おく。

❸❷を煮汁ごと密閉容器で冷蔵保存する。

ゆで野菜を使って（分量は2人分）

けんちん汁

だし2½カップ／酒大さじ1／薄口しょうゆ大さじ1／豆腐⅓丁

だしに、ゆで野菜と調味料を入れてあたためる。豆腐を大きめに割って入れ、青みを加える。

ミルクスープ

だし½カップ／牛乳1カップ／みそ大さじ1／黒こしょう少々

鍋にだし、ゆで野菜を入れてあたためる。だしでみそをといて入れ、牛乳も入れる。器に盛り、黒こしょうをふる。牛乳を豆乳にしても。

大ぶりに切ったじゃが芋、人参をゆでておくと……

肉じゃが、ポテトサラダ、芋の香草焼き、ポタージュ、ソテー、チーズ焼きなどに。

あったかミルクスープ

きゅうりと玉ねぎを加えてポテトサラダ

6

こっくりほっくり野菜料理

火が通るのに時間のかかる根菜の煮こみには、
鍋帽子が力を発揮します。
じっくりと味のしみた野菜は、甘くておいしい——。

は沸とう後の加熱時間

は保温時間です

ラタトゥイユ

＝約3分

＝20分

野菜が煮くずれず、短時間で色よくしあがります。
夕方、手早くつくるのにも重宝。
夏は冷たくしても、おいしくいただけます。

【材料】

トマト（完熟）………2個
なす……………………2個
玉ねぎ…………………1個
パプリカ………………1個
ズッキーニ……………1本
ベーコン（スライス）………………100g
にんにく………………1片
オリーブオイル……………大さじ2
白ワイン………大さじ2
塩………………小さじ1
こしょう…………少々
ハーブ（乾）………適量
（タイム、セージ、パセリなど）

【つくり方】

❶野菜は1.5㎝の角切り、ベーコンは1.5㎝幅に切る。にんにくはみじん切りにする。
❷鍋にオリーブオイルの半量をあたため、なすに焼き色をつけて、とり出す。
❸残りのオリーブオイルを入れて、にんにくを弱火で炒め、香りが立ったらベーコン、玉ねぎを中火で炒める。
❹玉ねぎがすき通ったら、残りの野菜を加えて、ワイン、塩、こしょう、ハーブを入れる。煮立ったらあくをとり、❷をもどし入れて、再び沸いたところでふたをして3分煮る。
❺火からおろし、鍋帽子をかぶせて20分おく。

畑の宿がえ
ベーコンと夏野菜の煮もの

＝5分

＝30分

“野菜たちが畑からお鍋に宿がえした”
というネーミングのレシピ。
夏野菜にかぎらず、季節の野菜で
つくってください。
ほんの少しのベーコンが味の決め手です。

【材料】

ベーコン（薄切り）………3～4枚	かぼちゃ……………⅛個
玉ねぎ…………1個	さやいんげん………5～6本
人参……………1本	水……3～4カップ
なす……………2個	固形スープの素……………1個
キャベツ………¼個	こしょう……適量
じゃが芋……2個	塩……小さじ1～2
ズッキーニ……1本	
赤ピーマン……1個	

【つくり方】

1 ベーコンは3～4㎝幅に、野菜はすべて大きめに切る。

2 鍋にベーコンを入れて弱火にかける。脂が出たら玉ねぎ、人参、なす、キャベツの順にかるく炒める。水と固形スープの素、こしょうを入れてふたをする。沸とうしたらじゃが芋と、ズッキーニ、赤ピーマン、かぼちゃを入れる。ふたをし、5分ほど煮て火からおろし、鍋帽子をかぶせて30分おく。

3 鍋帽子をはずし、さやいんげんを入れてさっと火を通し、塩で味をととのえる。

＝20分

＝60分

かんたん煮しめ

下ゆでなしで煮ていきます。煮はじめは、調味料がやや少なめと思われるかもしれませんが、大丈夫。やがて、野菜から出てくる水分で、鍋帽子調理に大切な〝水分多め〟の状態になる上、野菜といりこのうまみで、おいしい煮しめに。大根が旬の冬に最適です。

【材料】

だし昆布	20g	れんこん	100g
いりこ	15尾	しょうゆ	大さじ3
大根	400g	塩	小さじ½
こんにゃく	200g	砂糖	大さじ3
人参	100g	みりん	大さじ3
ごぼう	100g	水	2カップ
里芋（小）	150～200g		
干ししいたけ	中4枚	絹さや	適量

【下準備】

- 昆布…ひと口大に切る
- いりこ…頭とはらわたをとり、さっと洗う
- 大根…1㎝幅の半月切り
- こんにゃく…小さい三角形に切る
- 人参…1㎝の輪切り
- ごぼう…7㎜厚さの斜め切りにする
- 里芋…丸くむく
- 干ししいたけ…もどして半分にそぎ切り
- れんこん…1㎝厚さの輪切りか半月切りにして、酢水に放す
- 絹さや…すじをとって塩ゆでする

＊直径20～22㎝の厚手鍋で、ちょうどよくできます。

【つくり方】

1 鍋に昆布といりこをしき、調味料と水を入れる。大根、こんにゃく、人参、ごぼう、里芋、しいたけ、れんこんの順に重ね、火にかけて、落としぶたと、きせぶたをする。沸とう後中火で20～25分煮る。

2 火からおろし、鍋帽子をかぶせて1時間おく。天地返しをして、鍋でそのまま冷ますとよく味がしみる。

3 器に盛りつけ、絹さやを添えて。

かぼちゃ2種

かぼちゃのそぼろ煮

= 5分　= 30分

手間いらずで火口をふさがない人気のおかずです。

【材料】

かぼちゃ……400g（約⅓個）
とりひき肉……100g
Ⓐ酒………大さじ1½
　しょうゆ…大さじ1
　みりん……大さじ1
水…………1½カップ
砂糖………大さじ1⅓
片栗粉……小さじ1½
水………………小さじ3

【つくり方】

❶かぼちゃは種をとり、皮をところどころむき、大きめのひと口大に切る。
❷厚手鍋にひき肉とⒶを入れ、ぱらぱらになるよう、炒り煮する。
❸❷に❶と水を加え、沸とうしたらあくをとり、砂糖を入れ、ふたをせずに中火の弱で5分煮る。ふたをして火からおろして鍋帽子をかぶせ、30分おく。
❹再度加熱して、水どき片栗粉でとろみをつける。
＊水分の多いかぼちゃは、水を1カップに。

かぼちゃのミルク煮

= 10分　= 30分

デザートのように甘いひと皿。熱々でも、冷やしてもおいしくいただけます。

【材料】

かぼちゃ……400g（約⅓個）
牛乳……⅔〜1カップ
バター………大さじ1
三温糖（白砂糖でも）………大さじ3〜4
シナモン…………少々
塩……………小さじ⅓

【つくり方】

❶かぼちゃは皮をところどころむき、大きめのひと口大に切る。
❷厚手鍋にすべての材料を入れて中火にかける。沸とうしたら火を弱め、ふたをせずに約10分煮る（牛乳の膜は落としぶたのかわりになるので、やぶらないように）。ふたをして火からおろし、鍋帽子をかぶせて30分おく。
❸火にかけて、水分をとばしてから盛りつける。

大根の煮もの2種

ぶり大根

＝7分＋10分

＝60分

大根とぶりのシンプルな煮もの。切り身でつくりますが、手に入ったら、あらを使うとこくが増します。

【材料】

ぶりの切り身……3切れ（約300g）
大根……500g
Ⓐだし昆布……20㎝1枚
　水……2カップ
　しょうゆ……¼カップ
　酒……¼カップ
　砂糖……¼カップ
しょうゆ……大さじ1
針しょうが……20g

【つくり方】

❶ぶりは熱湯にくぐらせ、1切れを3～4つに切る。
❷大根は2㎝厚さに切り、皮をむく。
❸鍋に❶、❷、Ⓐを入れ、火にかける。沸とうしたら火を弱め、ふたをして約7分ほど煮る。
❹火からおろして鍋帽子をかぶせ、1時間おく。
❺しあげにしょうゆ大さじ1を加え、10分ほど火にかけて煮返す。
❻器に盛り、針しょうがを天盛りにする。

＊ぶりのあらを使う場合は、熱湯にくぐらせた後、流水で汚れをよく洗います。

大根とがんもどきの煮もの

＝15分

＝60分

だしの効いたやさしい味の煮もの。がんもどきのこくと大根がよく合います。季節の青みを添えて。

【材料】

大根……500g
がんもどき……180g
だし……2カップ
砂糖……大さじ2～2½
しょうゆ……大さじ2

絹さや、菜の花などの青み……適量

【つくり方】

❶大根は2㎝厚さに切り、皮をむく。
❷がんもどきは熱湯をかけ、油ぬきをする。
❸だしに❶、❷を入れて5分煮る。調味料を入れ、落としぶたをしてさらに10分煮て、ふたをして火からおろし、鍋帽子をかぶせて1時間以上おく。
❹器に盛り、塩ゆでした絹さやなど、青みを散らす。

＝7分＋5分

＝30分

じゃが芋と豚肉の蒸し煮

買いおきの材料でととのう一品。朝食にも、つけ合わせにもどうぞ。

【材料】

豚肩ロース薄切り……200g
塩……小さじ½
こしょう……少々
ベーコン（スライス）……3枚（50g）
じゃが芋……4個
玉ねぎ……½個
人参……小1本
にんにく……1片
Ⓐ固形スープの素……1個
　湯……½カップ
トマトピューレ……大さじ3
ベイリーフ……1枚
オリーブオイル……大さじ1〜2
チーズ（シュレッドタイプ）……100g
パセリのみじん切り……適量

【つくり方】

❶豚肉は4〜5㎝幅に切り、塩、こしょうをする。ベーコンは3〜4等分する。玉ねぎは薄切り、じゃが芋と人参は7〜8㎜厚さの輪切り、にんにくは薄切りにする。

❷厚手鍋にオリーブオイルをあたため、にんにくと玉ねぎを入れてかるく炒める。火を止めて、人参、豚肉、じゃが芋、ベーコンの順に重ねる。

❸再び火にかけ、Ⓐ、トマトピューレ、ベイリーフを加え、ふたをして7〜8分蒸し煮にする。

❹火からおろし、鍋帽子をかぶせて30分おく。

❺ベイリーフをのぞいてチーズをのせ、ふたをして約5分火にかける。チーズがとけたらできあがり。

❻器に盛り、パセリのみじん切りを散らす。

7

スープ・汁ものは鍋帽子の得意技

水分の多いスープ類は保温効果が高いので、鍋帽子調理にはぴったり。誰でも失敗なくできます。

は沸とう後の加熱時間

は保温時間です

お椀3種

豚汁

＝5分

＝30分

具だくさんの汁ものの定番、豚汁。
すべての具に火を通すのに20～30分は煮こみますが、鍋帽子ならわずか5分です。
水分も具も多い汁ものは、保温効果が高いので、鍋帽子をかぶせておけば、熱々がいただけます。

【材料】

豚バラ肉薄切り……150g	油揚げ……1枚
大根……250g	こんにゃく……½枚
人参……60g	長ねぎ……½本
里芋……100g	だし……5カップ
ごぼう……50g	みそ……大さじ5
	サラダ油…大さじ½

【下ごしらえ】

- 豚肉…ひと口大に切る
- 大根、人参…5㎜厚さのいちょう切り
- 里芋…ひと口大に切る
- ごぼう…薄い小口切りにして、水にさらす
- 油揚げ…熱湯に通し、1.5㎝角に切る
- こんにゃく…5㎜厚さの色紙切り
- 長ねぎ…小口切り

【つくり方】

1. 鍋に油を熱し、大根、人参、ごぼうを入れて炒め、油がまわったら、だし、豚肉、里芋、油揚げ、こんにゃくを入れて煮立てる。あくをとりながら中火で5分煮たあと、みその半量を入れる。ふつふつ沸いたらふたをして火からおろし、鍋帽子をかぶせて30分おく。
2. ❶に、味をみながら残りのみそを入れて火を通し、長ねぎを入れる。
3. 熱々を椀に盛る。

のっぺい汁

＝8分

＝40分

豚汁よりあっさりとやさしい味わいで、具はやや大きめに刻みます。

【材料】

里芋……250g	Ⓐだし……4カップ
大根……250g	しょうゆ……大さじ1½
人参……50g	酒……大さじ2
ごぼう……50g	みりん……大さじ2
干ししいたけ……3枚	塩……小さじ½
こんにゃく……½枚	砂糖……小さじ1
しめじ……50g	
さやいんげん……3本	片栗粉……大さじ1
とりもも肉……100g	水……大さじ3

【下ごしらえ】
- 里芋…ひと口大に切る
- 大根、人参…ひと口大の乱切り
- ごぼう…乱切りにし、水にさらして下ゆでする
- 干ししいたけ…もどしてそぎ切り
- こんにゃく…スプーンでひと口大に切る
- しめじ…小房に分ける
- さやいんげん…ゆでて2〜3cm長さに切る
- とり肉…ひと口大に切る

【つくり方】
❶鍋にさやいんげん以外の野菜とⒶを入れて煮立てる。とり肉を加え、あくをとりながら8分加熱。ふたをして火からおろし、鍋帽子をかぶせて40分おく。
❷食べる直前に再び火にかけ、水どき片栗粉でとろみをつける。椀に盛り、さやいんげんを散らす。

さけの粕汁

＝5分

＝30分＋20分

酒粕のほのかな甘みとまろやかなとろみで、心も体もあたたまります。酒粕の風味を消さないためにも、辛すぎない甘塩のさけをお求めください。

【材料】

さけ（甘塩）切り身……2切れ（150g）	油揚げ……1枚
大根……200g	こんにゃく……½枚
人参……70g	だし……4カップ
里芋……180g	酒粕……150g
ごぼう……50g	みそ……20g
	あさつきの小口切り・適量

【下ごしらえ】
- さけ…1.5cm幅に切り、熱湯を通しておく
- 大根…厚めのいちょう切り
- 人参…5mm厚さの半月切り
- 里芋…ひと口大に切る
- ごぼう…5mm厚さの斜め切り
- 油揚げ…油ぬきして短冊切り
- こんにゃく…ひと口大に切る

【つくり方】
❶鍋に下ごしらえした材料とだしを入れて火にかける。沸とうしたら5分加熱。ふたをして火からおろして鍋帽子をかぶせ、30分おく。
❷酒粕をだしでといて❶に入れ、みそを加え、ひと煮立ちしたらふたをして火からおろし、鍋帽子をかぶせて20分おく。
❸椀に盛りつけ、あさつきを散らす。

＝8分

＝40分

1kg野菜のポタージュ

野菜合わせて1kgを、とにかく鍋に入れて煮てしまいましょう。それだけで栄養たっぷりの野菜ポタージュが、ぐっと身近に。ペーストは、小分けにして冷凍しておくと、毎朝でものどごしのよいポタージュが用意できます。

野菜ペースト

【材料】 1単位

野菜
……合わせて1kg
(玉ねぎ、人参、じゃが芋、かぶ、キャベツ、セロリなど)

【つくり方】

❶野菜をざく切りにし、2カップの水を加えて沸とうさせ、ふたをして中火で8~10分煮る。火からおろし、鍋帽子をかぶせて40分おく。

❷ミキサーにかけて1回分の400gをとったら、残りは密閉袋に小分けして冷凍保存する。

ポタージュ

【材料】

野菜ペースト
……………………400g
牛乳…………1カップ
固形スープの素
……………………1個
パセリのみじん切り
……………………適量

【つくり方】

❶野菜ペーストを鍋に入れ、牛乳を加えて中火にかける。

❷固形スープの素を刻んで入れ、ひと煮立ちしてできあがり。

❸器によそい、パセリのみじん切りを散らす。

＊ポタージュの濃度は牛乳で加減してください。

＝5分

＝30分

白いんげん豆のスープ

やさしい味わいのスープ。時間のあるときにつくって鍋帽子をかぶせておくと、朝、夕の食卓で重宝します。

【材料】

白いんげん豆（大福豆・乾）……100g
＊ゆで豆なら1½カップ

じゃが芋……200g（2個）
玉ねぎ……200g（1個）
セロリ……30g
人参……30g
キャベツ……100g
ベーコン（スライス）……2枚
水……4カップ
固形スープの素……1個
塩……小さじ½
こしょう……少々
サラダ油……大さじ1

【つくり方】

1. じゃが芋と玉ねぎは1㎝弱の角切り、セロリと人参は1㎝角の色紙切り、キャベツは1.5㎝角に切る。ベーコンはさっと湯通しして細切りにする。
2. 鍋にサラダ油を熱してベーコンを炒め、玉ねぎ、人参、セロリ、じゃが芋の順で、表面がすき通るまで炒める。
3. 水をそそぎ、固形スープの素をわり入れて、沸とうしたらキャベツと白いんげん豆を加える。
4. 再び沸とうしたらあくをとり、約5分加熱して、塩、こしょうで味つけし、ふたをしてひと煮する。
5. 火からおろし、鍋帽子をかぶせて30分ほどおく。
6. スープ皿に盛り、熱々をいただく。

＊豆のゆで方はP96の白花豆を参照。

ポタージュ2種

＝5分

＝10分

ヴィシソワーズ

冷たいヴィシソワーズは、夏に人気の一品。調味したあと粗熱がとれたら、保冷剤とともに鍋帽子に入れて、冷たくすることもできます（P102参照）。

【材料】

じゃが芋……250g（約2個）	塩……小さじ½
玉ねぎ……200g（1個）	こしょう……少々
バター……大さじ2	パセリのみじん切り……適量
スープ……2カップ	
牛乳……1カップ	

【つくり方】

1. じゃが芋、玉ねぎは薄切りにする。
2. 鍋にバターをとかし、❶を入れて炒め、スープを加えて煮立ったらふたをして弱火で5分煮る。
3. 火からおろし、鍋帽子をかぶせて10～15分おく。
4. ❸をミキサーにかける。牛乳でのばして、塩、こしょうで調味し、冷蔵庫で冷やす。
5. 器に盛り、パセリを浮かべる。

＝3分

＝20分

かぼちゃのポタージュ

3分煮るだけで、かぼちゃのポタージュの素ができます。倍量つくってペースト状にしておけば冷凍もでき、いつでもポタージュがいただけます。夏は冷たくして。

【材料】

かぼちゃ……½個（正味約500g）	牛乳……1カップ
玉ねぎ……100g（½個）	生クリーム……¼カップ
バター……大さじ2	塩……少々
スープ……2カップ	こしょう……少々
	生クリーム（しあげ用）・適量

【つくり方】

1. かぼちゃは種をのぞき、皮をむいて5㎜厚さに切る。玉ねぎは薄切りに。
2. 鍋にバターを入れて弱火でとかし、玉ねぎをすき通るまで炒め、かぼちゃも加える。
3. ❷にスープを入れ、沸とうしたらあくをとりながら3分煮て、ふたをする。火からおろし、鍋帽子をかぶせて20分おく。
4. ❸をミキサーにかけ、なめらかになったら鍋にもどし、牛乳、生クリームを入れてまぜながら加熱する。塩、こしょうで味をととのえる。
5. 器に盛り、生クリームをまわしかける。

＝5分

＝20分

韓国風具だくさんスープ

ピリッとした唐辛子の辛みと、ごま油の香りが食欲をそそるスープ。里芋のとろみで、ますます体があたたまります。冬の具だくさんスープの新メニューとして、どうぞ。

【材料】

里芋（小さめ）……300g
牛こま切れ肉……100g

Ⓐしょうゆ……大さじ1
にんにくのすりおろし……小さじ1
ごま油……小さじ1

豆腐……½丁（150g）
大根……150g
白菜……2枚
長ねぎ……½本
昆布……10㎝長さ
赤唐辛子……1本
ごま油……適量
しょうゆ……小さじ1
だし汁……4カップ
塩……小さじ1
こしょう……少々

【つくり方】

1. 里芋は洗い、かぶるくらいの水に入れ、かるくゆでて皮をむく。
2. 牛肉はⒶで下味をつける。
3. 大根は5㎜厚さのいちょう切り、白菜は3〜4㎝長さの短冊切りにする。昆布は6〜8等分に切る。赤唐辛子は種をとって2〜3等分にする。長ねぎは斜め切りにする。
4. 鍋にごま油を入れ、❷、昆布、大根、白菜を順に炒める。里芋、赤唐辛子、しょうゆ、だし汁を入れ沸とうしたらふたをして5〜8分ほど煮て、火からおろし、鍋帽子をかぶせて20分おく。
5. 長ねぎと、豆腐をわり入れたら再沸とうさせ、塩、こしょうで味をととのえる。

キャベツと豚バラ肉のスープ煮

＝5分

＝20分

あっさり味のスープ煮です。
残ったらカレー味やトマト味にしてもよいでしょう。
沸とう後の加熱時間5分の省エネ料理です。

【材料】

キャベツ	300g
豚バラ肉薄切り	60～70g
玉ねぎ	½個
Ⓐ水	5カップ
固形スープの素	1個
塩	小さじ½
こしょう	少々

【つくり方】

1. キャベツはざく切り、豚肉は4等分くらいに切る。玉ねぎは薄切りにする。
2. 鍋に❶とⒶを入れて煮立て、あくをとる。ふたをして弱火で5分煮て、火からおろし、鍋帽子をかぶせて20分おく。
3. 器に盛りつけ、こしょうをふる。

鍋帽子調理の注意点——細菌の増殖を抑える

■ 丸井浩美(管理栄養士)

細菌が増殖しやすい温度帯・状態を知る

保温調理で気をつけることは、細菌を増殖させないことです。一般的に、微生物は0～60℃の温度範囲内で生育すると考えられています。食中毒や腐敗などの原因菌の多くは、25～40℃で生育し、35～37℃を最適温度としています。

細菌には、増殖に最適な温度があり、その温度より高くても低くても増殖速度は低下します。また、細菌の多くは、増殖可能な最低温度と最高温度があって、一般に最高温度以上になると死滅し、最低温度以下になると活動を止め休眠状態となります。

細菌の増殖条件には、温度の他にも様々な要因(水分、栄養分、酸素、水素イオン濃度＝ph、浸透圧など)があり、それらの条件を満たせば、細菌はどんどん増殖します。

75℃で1分以上加熱すること

食中毒を防ぐ三原則の1つに「菌を殺す」というものがあります。これは、加熱調理をしっかり行うことです。厚生労働省では「食品の中心温度が75℃の状態で1分以上加熱する」ことを提唱しています。その目安は、煮こみ料理の場合、沸とうしてから5分くらいです。

ただ、場合によっては鍋肌が沸とうしていても、鍋の中央の温度が低いままということもあるので、あくまでも目安と考えてください。

また、かたまり肉など、食品によってはそれで足りないものもあるでしょう。新鮮な肉であれば、食中毒菌がつくのは表面だけですが、中まで確実に火を通したいものです。鍋帽子をかぶせる前にはしっかり沸とうさせ、食卓に出す前には竹串を中心部にさすなどして、濁った肉汁が出ないかを確認しましょう。

鍋の中の温度は65℃以上を保つ

調理したらすぐに食べるのが理想ですが、65℃以上を保っていれば、細菌の増殖を抑えられます。

鍋帽子は、加熱終了後の保温効果が高いため、65℃以上を保っている時間が長いかもしれませんが、保温時間が長くなる場合、調理中の加熱をしっかりして、65℃以下にならないように気をつけます。また、食べる前には、しっかりあたため直して再度殺菌しましょう。

鍋帽子をかぶせてからは、鍋のふたを開けることは避けます。空中に浮遊する微生物(細菌やカビの胞子)などが落下し、食品を汚染する恐れがあることと、鍋の中の温度が下がり、細菌の活動しやすい温度帯に近づいてしまう場合もあるからです。

また、加熱調理後、一度もふたを開けなくても、長時間そのままにしておくと、菌が増殖する可能性は否めません。家庭での加熱調理は、菌を殺菌できても、完全な滅菌にはならないからです。ですから、室温に2時間以上放置すれば、食中毒を起こす可能性もあります。特に夏場は、室温が増殖温度帯に近くなるので、より注意しながら、食卓をととのえましょう。

8

豆・乾物はふっくらと

ことことと火にかけ続ける豆料理。
鍋帽子なら、時間はかかっても手間はかからず、
火口から離れていられる気軽さに、豆料理がぐっと身近になるでしょう。

は沸とう後の加熱時間

は保温時間です

五目豆

＝10分

＝50分

素材の味わいが渾然一体となった惣菜力！
鍋帽子の余熱効果を確認できるひと皿です。
体によい大豆と野菜…、お母さんの心遣いが届きます。

【つくり方】

1. 人参とれんこんは1㎝のさいの目に切り、れんこんは酢水につけておく。干ししいたけはもどし、こんにゃくとともに1㎝のさいの目に切る。
2. 鍋にゆでた大豆と❶、大豆のゆで汁＋水をひたひたになるまで入れる。調味料と昆布も入れて火にかけ、沸とうしたらふたをして10分ほど煮て、火からおろす。鍋帽子をかぶせ、50分～1時間ほどおく。
3. 昆布をとり出し1㎝角に切ってもどし入れ、かるく火にかける。

【材料】 つくりやすい1単位

ゆで大豆	2½カップ	大豆のゆで汁＋水	適量
(乾豆1カップ・ゆで方P72)		砂糖	30g
人参	50g	しょうゆ	大さじ1～1½
れんこん	50g	塩	小さじ¼
こんにゃく	50g	酒	大さじ2
干ししいたけ	2枚	昆布	5～6cm角

=20分+20分
=60分+60分

黒豆

はじめから調味料を加えて豆を水にひたす方法です。皮がやぶれずふっくらつややか、お正月の祝肴にふさわしいしあがりになります。

【材料】	つくりやすい1単位
黒豆（乾）	300g
砂糖	200～250g
塩	小さじ⅓
熱湯	6カップ
しょうゆ	大さじ1
さし水	1カップ

【つくり方】

1. 黒豆はそっと洗って水けをきる。
2. 深鍋に黒豆、砂糖、塩を入れて熱湯をそそぎ、ふたをして、鍋帽子をかぶせて10時間（ひと晩）おく。
3. 鍋帽子とふたをはずし、そのまま火にかけて、沸とうしたらあくをとる。途中豆の上に煮汁が1～2㎝はあるようにさし水を2～3回して、落としぶたとせぶたをして、弱火で20分煮る。
4. 火からおろし、鍋帽子をかぶせて1時間おく。再度20分加熱して火からおろし、鍋帽子を1時間かぶせる。親指と小指ではさんでつぶせるくらいにやわらかくなったら、しょうゆを加える。さっと火を通し、そのまま半日おいて味をふくませる。

＝5分

＝20分

ポークビーンズ

鍋帽子の保温力が豆と野菜のうまみを引き出します。白いんげん豆、金時豆、大豆など、豆の種類をかえても楽しめます。

【つくり方】

①白花豆をゆでる（下記参照）。

②ベーコンは5㎜幅に切る。玉ねぎとセロリはみじん切りにする。

③厚手鍋にオリーブオイルをあたためてベーコンを炒め、脂が出てきたら玉ねぎを加えてすき通るまで炒める。セロリとバジルを入れてさっと炒める。

④豆、トマトの水煮、ベイリーフ、白ワイン、調味料を加えて沸とう後ふたをして、弱火で約5分煮る。

⑤火からおろし、鍋帽子をかぶせて20分おく。しあげにパセリをふる。

【材料】

白花豆（乾）	200g（1½カップ）
＊ゆでて3カップ	
ベーコン（スライス）	80g
オリーブオイル	大さじ2
玉ねぎ	50g（¼個）
セロリ	50g（⅓本）
バジル（乾）	小さじ2
トマト水煮缶	200g
ベイリーフ	1枚
白ワイン	大さじ1
固形スープの素	1個
塩	小さじ½
こしょう	少々
パセリのみじん切り	大さじ1

●白花豆をゆでる

白花豆は洗って3倍の水にひたし、ひと晩おく。つけ水ごと火にかけ、煮立ったら火からおろし、いったんゆでこぼす。新しく4カップの水を入れ、ふたをして再び火にかける。煮立ったら弱火にし、10分ほど煮て火からおろす。鍋帽子をかぶせて2時間以上おく。

●ひよこ豆をゆでる

豆をひと晩、たっぷりの水にひたす。つけ水ごと中火にかけ、煮立ったらあくをすくい、5分加熱。ふたをして火からおろし、鍋帽子をかぶせて30分おき、ざるにあげて冷ます。

ひよこ豆のサラダ

＝5分　＝30分

短時間でほっくりと火が通るひよこ豆。ガルバンゾとも言い、イタリアやスペインなどでも親しまれています。じゃが芋のような食感のひよこ豆を、彩りのよい野菜とサラダに。

【つくり方】

❶ひよこ豆をゆでる（P96参照）。

❷きゅうり、パプリカ、アボカドは1㎝の角切りにする。パプリカはさっとゆでて冷ます。アボカドはレモン汁で和える。ハムは1㎝の色紙切り。

❸ボウルにドレッシングをつくり、❶と❷を入れてよくまぜ合わせる。

【材料】

- ひよこ豆（乾）…60g（約½カップ）
- ＊ゆで豆なら1カップ
- きゅうり……1本
- パプリカ（赤）…¼個
- アボカド……1個
- レモン汁……½個分
- ハム……2枚

ドレッシング

- オリーブオイル……大さじ2
- ワインビネガー…大さじ1〜2
- 砂糖……小さじ1
- 塩……小さじ1
- 黒こしょう……少々

ひよこ豆のディップ

＝5分　＝30分

おもてなしにも向くディップは、ゆでたひよこ豆があれば、5分とかからずにできます。クラッカー、バゲット、ドイツパンなどにつけて。

【つくり方】

❶ひよこ豆をゆでる（P96参照）。

❷ゆでたひよこ豆とⒶをフードプロセッサーにかけてなめらかにする。

❸薄切りパンにつける。

＊好みでパプリカパウダーをふってもよいでしょう。

＊ゆでた豆は汁ごと冷凍保存できます。

【材料】

- ひよこ豆（乾）…60g（約½カップ）
- ＊ゆで豆なら1カップ

Ⓐ
- 練りごま……大さじ1
- レモン汁……大さじ1強
- 塩……小さじ⅓
- オリーブオイル……大さじ2
- にんにく……小1片

- パン……適量

=5分

=30分

高野豆腐の印ろう煮

やさしいだしの味がしみこんだ高野豆腐は、鍋帽子にくるまれてふっくらと煮あがります。上品な和風の一品。

【材料】

高野豆腐……2枚

Ⓐとりひき肉……80g
干ししいたけ……1枚
人参……30g
みりん……小さじ1
塩……小さじ¼
しょうゆ……小さじ1
片栗粉……小さじ½

Ⓑだし汁……150ml
砂糖……大さじ1
みりん……大さじ1
塩……小さじ½
薄口しょうゆ……大さじ1

さやいんげん……適量

【つくり方】

1. 高野豆腐はぬるま湯でもどす。長方形の短辺の側面の中央に包丁を入れ、向こう側まで通し、両端5㎜を残して空洞をつくる。
2. 干ししいたけはもどしてみじん切り、人参もみじん切りにする。
3. Ⓐを合わせ、よくまぜる。
4. ❶の中に❸をつめる。
5. 鍋にⒷを入れて沸とうさせる。❹を並べ、落としぶたをして弱火にかけ、沸とう後、ふたをして5分加熱する。火からおろし、鍋帽子をかぶせて30分おく。
6. 4～6等分にして器に盛り、塩ゆでしたさやいんげんを添える。

昆布の佃煮

＝10分＋5分

＝60分＋60分

だしをとったあとの昆布を白いごはんに合う佃煮に。時間はかかりますが、こがす心配も、むだもありません。

【材料】　つくりやすい1単位

だし昆布（一番だしをとったあとの昆布・下記参照）……150g
酒……50ml
しめじ……1パック（100g）
Ⓐみりん……40ml
　しょうゆ……60ml
　砂糖……50g

【つくり方】

❶昆布は、1.5cm角に切って鍋に入れ、酒をかける。

❷しめじは、小房に分けて❶に入れ、Ⓐを合わせて加え、ふたをせずに中火で10分煮る。ふたをして、火からおろし、鍋帽子をかぶせて1時間以上おく。

❸❷をごく弱火にかけ、ときどき上下を返して煮汁を飛ばしながら約5分煮て、ふたをして火からおろし、鍋帽子をかぶせて1時間おく。

＊乾燥状態の昆布からつくる場合は、昆布（乾50g）をひと晩水につけてもどします。1.5cm角に切り、酒・水各50mlをかけて2時間おき、❷、❸は同様に。

昆布だし

＝0分

＝60分

昆布本来の味わいをしっかりひき出せる、鍋帽子でとる「だし」。できた昆布だしにかつお節を加えると、良質の一番だしになります。

【材料】

昆布…10〜20g　水…1.5L

【つくり方】

❶昆布の表面の汚れを乾いたふきんなどでさっとふきとる。

❷鍋に昆布と水を入れ、水温が60℃になるまで加熱し、ふたをする。

❸鍋帽子をかぶせて1時間おき、昆布をとり出す。

＊1時間以上昆布を入れっ放しにすると、ぬめりが出るので注意します。

冷製料理2種

冷たくしていただく料理でも、そのプロセスでは鍋帽子が大活躍です。

牛すね肉と玉ねぎのマリネ

＝60分

＝120分

盛りつけ次第でオードブルにも、サラダにもなるひと皿。牛すね肉はやわらかくなるのに時間がかかるので、同じ手間なら一度に倍量ゆでて、冷凍しておくとよいでしょう。レシピのマリネは４００ｇの肉が１回分です。

【材料】　つくりやすい1単位

牛すね肉（ブロック）……800g
昆布……5㎝角を2枚
酒……½カップ
粒こしょう（白）……10粒
塩……小さじ1

マリネ液（ゆでた肉400g分）
- 玉ねぎ……½個（100ｇ）
- オリーブオイル……大さじ3
- 酢（あればワインビネガー）……大さじ2〜3
- 粒マスタード……大さじ1
- 塩……小さじ½
- こしょう……少々
- にんにくのすりおろし……少々

クレソン……適量

サーモンの冷製

＝3分

＝30分

香味野菜の香りが移り、しっとりとしあがったサーモンにクリームソースを合わせて。もてなしのメインディッシュが手軽にできます。

【材料】

生さけ……4切れ
玉ねぎ……50g（¼個）
セロリ……50g（½本）
ベイリーフ……1枚
レモンの薄切り……3枚
水……魚がひたる程度
白ワイン……½カップ
塩……小さじ1
生クリーム……¼〜½カップ
マヨネーズ……50ml

飾り用野菜……適量

＊黒オリーブの実の輪切り、赤ピーマンのスライス、チャイブの小口切りなど

【つくり方】

❶牛すね肉は鍋のサイズに合わせて、2〜3つのブロックに切る。

❷昆布をしき、肉を入れ、酒、ひたひたの水をそそぐ。

❸粒こしょう、塩を入れ、沸とうするまで中火にかけてあくをとる。

❹ふたをして、肉が少し動くぐらいの火加減で1時間加熱する。途中スープの表面から肉が出ないように水を足しながら、ごく弱火の状態を保つ。

❺火からおろし、鍋帽子をかぶせて2時間おく。

❻鍋帽子をはずし、スープの中でしぜんに冷ます。

❼玉ねぎは薄切りにして、ひとつまみの塩（分量外）を加えてかるくもみ、さっと水にさらして水けをきる。マリネ液をつくり、肉をスライスして冷蔵庫で2時間ほどつけこむ。

❽器に形よく盛り、粒こしょう（砕く）を散らし、まわりにクレソンをあしらう。

＊1日つけるとさらにうまみが増す。

＊煮汁は冷蔵庫で冷やして脂をのぞき、スープに。煮立てる時間が短いので、澄んだスープがとれます。

【つくり方】

❶玉ねぎ、セロリは薄切りにする。

❷厚手の平鍋にさけをひと並べに入れる。上に❶とベイリーフとレモンをのせる。水、白ワイン、塩を入れて中火にかけ、沸とうしてきたら魚が動かない火加減で3〜5分加熱し、ふたをして火からおろす。鍋帽子をかぶせて30分おく。さけをとり出し、粗熱がとれたら冷蔵庫で冷やす。

❸生クリームを八分立てにして、マヨネーズと合わせてソースをつくる。

❹さけに❸をぬり、飾り用野菜をあしらう。

保冷もできます

鍋帽子は保温だけでなく、できたての料理を冷ます、粗熱をとる、冷たいものを冷やしておくなど、保冷にも力を発揮します。

鍋帽子の保冷効果を調べる　——松本友の会の実験レポートから

夏のはじめ、友人宅に手づくりのゼリーを持って行きたいと、保冷剤を入れ、鍋帽子をかぶせて持参しました。常温の室内に置き、5時間後、デザートに出すと、まるで冷蔵庫に入れていたような冷たさに感激。保冷効果を調べてみました。

実験内容…素材の違う鍋帽子で氷の溶け具合を比較

〈材料・条件〉

①毛布入り折りたためる鍋帽子（厚手のウール地の中に毛布を3枚重ねて入れたもの）

②綿入り鍋帽子（化繊綿300gを入れたもの）

③鍋帽子なし

室温：23～27℃（開始～最高室温・クーラー不使用）

〈方法〉

2Lのペットボトルに水1Lを入れて凍らせ、梱包剤で包んで鍋帽子をかぶせる。1時間ごとに氷が溶けた水量を測り、保冷効果をみる。

〈結果〉

鍋帽子なしで常温に置いたものは、約9時間で完全に溶けた。一方、鍋帽子の中はどれも9～11℃に保たれ、特に綿入りは氷が半分近く残っていて、保冷効果が大きいことがわかった。2、3時間冷たさを保つには、鍋帽子をかぶせれば冷蔵庫に入れなくてもよいとわかった。

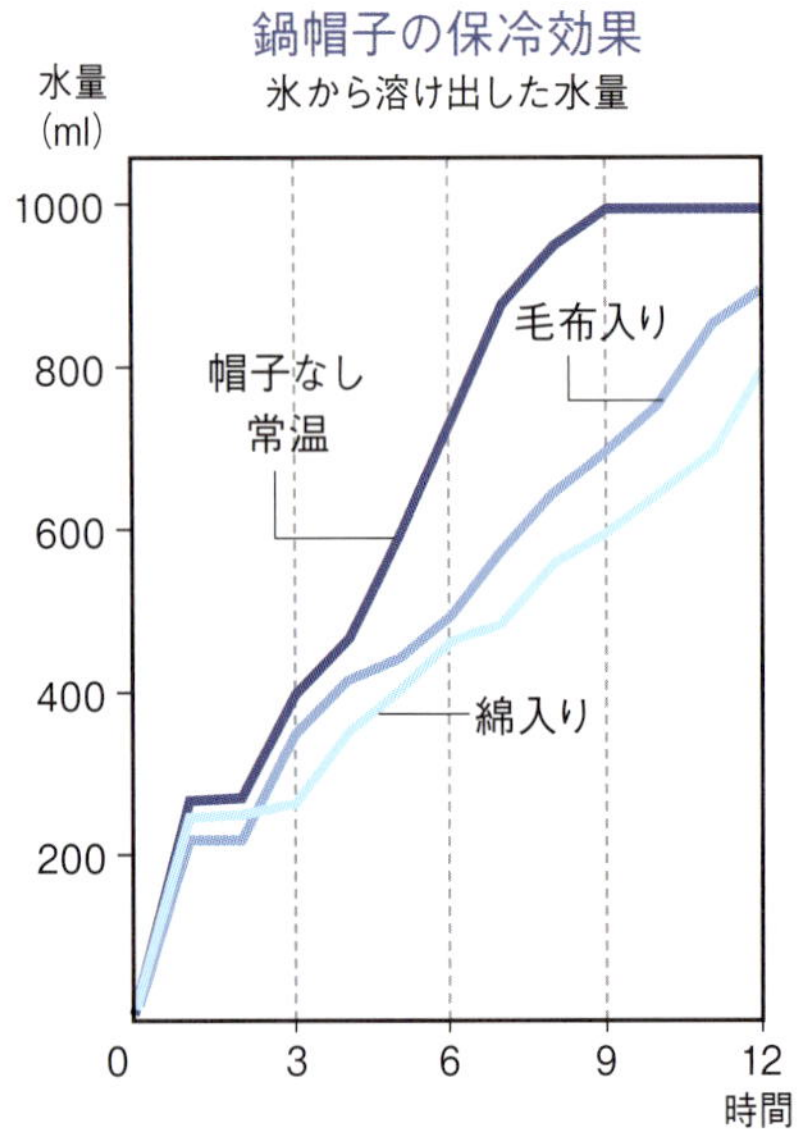

鍋帽子の保冷効果
氷から溶け出した水量
水量（ml）
1000
800
600
400
200
0
3
6
9
12
時間
帽子なし常温
毛布入り
綿入り

蒸しあがったプリンの粗熱をとって、冷やす

保冷剤（氷）の入ったバットに蒸しあがったプリンを並べ、上にもバットをのせて保冷剤をおく。アルミシートで包み、鍋帽子をかぶせる。

プリン内の温度を調べてみると…

蒸しあがり 60℃ → 約15分後 34℃ → 約25分後 23℃

約15分で粗熱がとれ、約25分後には口に入れるとひんやりしておいしいと感じた。鍋帽子を使って、プリンを蒸す・冷やすの両方ができた。

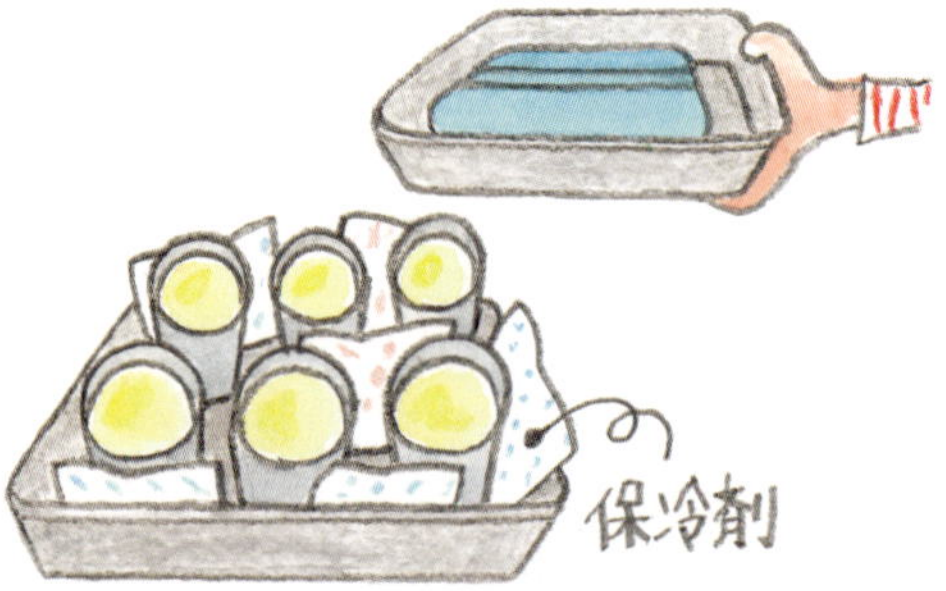

9

きょうから ごはんは鍋帽子

「鍋帽子でごはんを炊くようになって、その早さとおいしさに、炊飯器はしまいました」との声を多く聞きます。ぜひ実感してください。

は沸とう後の加熱時間

は保温時間です

ごはん

＝5分

＝20分

沸とうしたら、たった5分
火にかけるだけで、30分後には
ふっくらつやつやのごはんが
炊きあがります。
こげつく心配もありません。
おいしく炊くこつは、
火にかける前に
きちんと水につけること。

1 炊く前には水につける

2 沸とう後、弱火で5～7分

3 鍋帽子をかぶせて…

4 水滴が落ちないように、布巾を

【材料】
米……………………………2カップ
水………………480ml（米の1.2倍）

【つくり方】
❶厚手の鍋にといだ米と分量の水を入れて、30分ほどつけておく（写真1）。
❷❶の鍋にふたをして強火にかけ、沸とうしたら弱火で5～7分火にかける（写真2）。
❸止める直前に、10秒ほど強火にしてから火を消す。
❹火からおろし、鍋帽子をかぶせて20分おく（写真3）。
❺ふたを開けて、しゃもじでさばき、清潔な布巾をかけてふたをし（写真4）、食べるまで鍋帽子で保温する。
＊土鍋で炊いてもよいでしょう。鍋帽子で炊くと、おこげもきれいにはがせます。

玄米ごはん

＝20分

＝30分

玄米を炊くときは、
吸水時間を長くするのがポイント。
それだけで、おいしく炊けるので、
手間がかかりません。

【材料】
玄米……2カップ
水…………720ml
（米の1.8倍）

【つくり方】
❶玄米は洗って厚手の鍋に入れ、分量の水に5～6時間つけておく。
❷❶にふたをして、強火にかけ、沸とうしたらごく弱火にして20分炊く。
❸火からおろし、鍋帽子をかぶせて30分おく。
＊玄米ごはんは傷みやすいので、夏場は、余った分を冷凍保存します。

＝2分

＝60分

お粥

とろりとやわらかい熱々のお粥。
銀あんをかけても。

【材料】

全粥	小豆粥
米………1カップ	米………⅔カップ
水………5カップ	小豆……⅓カップ
塩………小さじ½	水………7カップ
	塩………小さじ½

〈やわらかさのめやす〉

7分粥……米1：水7
5分粥……米1：水10
3分粥……米1：水20（おもゆ）

◆お粥を上手につくるこつ

味つけは最後にしましょう。炊き初めに塩を加えると、米の細胞膜が壊れやすくなり、でんぷんのりがとけ出して粘りが出すぎてしまうためです。

【つくり方】

❶米はよく洗い、土鍋か厚手鍋に入れ、分量の水に1時間以上つけておく。
❷ふたをして中火の弱でゆっくり加熱。
❸沸とうしたらふたを半かけにして、弱火で2～3分加熱する。塩を加えてひと煮して火を止める。
❹ふたをして火からおろし、鍋帽子をかぶせて1時間以上おく。

＊小豆粥
一度ゆでこぼした小豆をそのまま入れて、❶～❹の通りに炊く。

＝7分

＝20分

中華おこわ

焼き豚など具材のうまみがきわ立つシンプルな味つけです。材料の準備がととのえば、あっというまに、失敗なくできます。

【材料】 4〜6人分

もち米……3カップ
焼き豚……100g
長ねぎ……1本
人参……50g
干しえび……大さじ2
干ししいたけ……3枚
サラダ油……大さじ1

五香粉……小さじ½
ごま油……大さじ1
Ⓐ しょうゆ……大さじ2
　酒……小さじ2
　砂糖……小さじ1
　とりガラスープの素……大さじ1
　水、干ししいたけと干しえびのもどし汁を合わせて……2½カップ

【下準備】

- もち米…洗ってざるにあげ、30分以上おく
- 焼き豚…1cmの角切り
- 長ねぎ…粗みじん切り
- 人参…5mm幅の短冊切り
- 干しえび…ぬるま湯に20分つけてもどす
- 干ししいたけ…もどして石づきをとり、1cmの角切り
- Ⓐを合わせておく

【つくり方】

1. 厚手鍋にサラダ油を熱し、長ねぎ、干しえび、人参、干ししいたけ、焼き豚を順に炒め、五香粉を入れる。
2. ごま油を入れて、もち米を加え、鍋肌につくほどにしっかり炒めてから、Ⓐをそそぎ入れる。中火の弱にかけてふたをし、沸とうしたら一度かきまぜ、弱火にして7分炊く。火からおろし、鍋帽子をかぶせて20分以上おく。

パエリア

＝6分

＝20分

何度も試作して、鍋帽子に最適のパエリアができあがりました。
米は炒めずに、サフラン液にひたすだけ。
具材だけを炒めて、米の上に散らします。
パエリア鍋がなくてもふつうの鍋でつくれます。

【材料】 4〜6人分

米	3カップ
水	3カップ
固形スープの素	2個
サフラン	少々(0.2g)
とりもも肉	150g
えび(冷凍でも)	12尾
あさり(砂ぬき済み)	200g
玉ねぎ	½個
にんにく	1片
しめじ	1パック(100g)
オリーブオイル	大さじ2〜3
塩	小さじ½〜1
こしょう	適量
白ワイン	60ml
ローズマリー(乾) ほか好みのハーブでも	適量
黒オリーブの実(種なし)	12個
赤ピーマン	½個
レモン	1個
さやいんげん(塩ゆで)	適量

【つくり方】

1 鍋に、定量の水と、少量の湯(分量内)でといた固形スープの素、サフランを入れる。

2 米はといでざるにあげ、❶の鍋に入れて30分以上ひたしておく。

3 とり肉はひと口大に切る。えびは殻をはずす(尾は残す)。玉ねぎとにんにくはみじん切りにする。しめじは石づきをとり、小房に分ける。

4 フライパンに半量のオリーブオイルを熱し、にんにくを炒め、香りが出たら玉ねぎ、とり肉も入れて炒め、塩、こしょうをふる。❷の鍋に入れる。

5 同じフライパンに残りのオリーブオイルを熱し、えびとあさり、しめじを入れて炒め、白ワインを加えてふたをし、貝が開くまで蒸し煮にする。

6 ❹を中火にかけ、沸とうしたらローズマリーと❺を汁ごとバランスよく入れてふたをし、弱火にして6〜7分加熱する。最後のひと呼吸(10数える)で火を強め、火からおろし、鍋帽子をかぶせて20〜25分おく。

7 炊きあがった❻の上に、黒オリーブの実、赤ピーマンのせん切り、さやいんげんを散らし、くし形に切ったレモンを飾る。

＊生のローズマリーを飾るのもよいでしょう。

＝7分

＝15分

チキンライス

子どもたちに人気のチキンライス。朝のうちに鍋帽子をかぶせるところまでしておけば、お昼にはあたたかいごはんができています。昼食の用意を気にせず、午前中はたっぷり子どもと遊べますね。

【材料】 4～6人分

米……………………3カップ
水……………………3カップ

Ⓐ塩……………………小さじ1
　パプリカパウダー……………大さじ1
　トマトペースト……………大さじ1
　固形スープの素……………1個

とりもも肉……1枚（250g）
玉ねぎ……………………½個
人参……………………50g
マッシュルーム（ブラウン）……………5～6個
さやいんげん……4～5本
バター……………大さじ1
オリーブオイル……………大さじ1

【下準備】

・とりもも肉…1cm角に切る
・玉ねぎ、人参…5mm角に切る
・さやいんげん…塩ゆでして1cm長さに切る
・マッシュルーム…薄切りにする

【つくり方】

❶米はといで鍋に入れ、分量の水に30分つけておく。
❷厚手鍋に、バターとオリーブオイルを熱し、玉ねぎがすき通るまで炒める。
❸とり肉と人参、マッシュルームを入れてさらに2～3分炒め、Ⓐを加えてまぜる。
❹❶の上に❸を平らにのせ、ふたをして中～強火にし、沸とうしたら弱火にして7分ほど加熱。
❺火からおろし、鍋帽子をかぶせて15～20分おく。
❻炊きあがったら、さやいんげんをまぜる。

＝8分＋5分

＝20分＋30分

シンガポールチキンライス

東南アジアを中心に人気の、シンガポールチキンライスを家庭でも気軽につくってみましょう。
とりのエキスを吸ったパラパラのごはんに、とり肉と香菜をたっぷりのせて、まぜながらいただきます。

【材料】

とりもも肉……2枚

Ⓐ酒……大さじ3
塩……小さじ1
長ねぎ（ぶつ切り）……1本
しょうがの薄切り……6枚

米……2カップ
スープ（とりのゆで汁を含む）……2カップ
ごま油……小さじ2
にんにく……1片

香菜……適量
チリソース（市販品）……適量

【つくり方】

1. 鍋にとり肉とかぶるほどの水、Ⓐを入れて火にかける。沸とうしたらあくをとり、ふたをして弱～中火で8分煮る。火からおろし、鍋帽子をかぶせて20～30分おく。
2. 米はといでざるにあげ、水けをきる。にんにくはつぶす。
3. 米に分量のスープ、ごま油、にんにくを加えてふたをして火にかける。沸とうしたら弱火で5分、火からおろし、鍋帽子をかぶせて30分おく。
4. ❸のごはんを器に盛り、❶のとり肉をひと口大のそぎ切りにしてのせ、1cm長さに切った香菜を添える。チリソースをかけていただく。

10

デザートもおまかせ ほか

手づくりおやつもあっというま、一番人気はなめらかプリンです。
素材を味わうタピオカ、くずきりも、ぜひおためしください。
一方、粉を使った焼き菓子や蒸し菓子は不得意です。

は沸とう後の加熱時間

は保温時間です

【材料】100mlのアルミのプリン型8個

卵………………………4個
砂糖……………………70～80g
牛乳……………………2カップ
バニラエッセンス……少々
バター…………………適量
カラメルソース
- 砂糖……………………50g
- 水………………………大さじ3
- 湯………………………大さじ2

カスタードプリン

＝4分

＝10分

沸とうしてわずか4分、余熱で火を通すことで極上のなめらかプリンができます。写真は、型からするりと出せる昔ながらのかためのプリン。とろりとした、すくっていただくタイプは、配合を変えるだけ、同じ方法でできます。

【準備】
型に薄くバターをぬっておく

【つくり方】
1. カラメルソースをつくる。小鍋に砂糖と水を入れて、ときどきゆすりながら静かに煮つめ、全体にこげ色がついたら湯を加え、鍋をゆり動かす。
2. プリン型に❶を均等に入れる。
3. ボウルに卵と砂糖を入れてよくまぜ、あたためた牛乳を加えてまぜ、こし器を通す。バニラエッセンスを加え、❷に均等にそそぐ。
4. ❸を厚手鍋に並べ、器の1/3くらいがひたるまで熱い湯を入れる。ふたをして弱～中火で4分加熱。火から下ろし、鍋帽子をかぶせて10～15分おく。

＊アルミカップでつくるときは、鍋とカップの間にキッチンペーパーをはさむと安定し、すが入りにくいでしょう。

やわらかプリン

卵の量を変えると、とろけるようなプリンができます。

耐熱ガラスや陶器に入れて楽しみましょう。
つくり方は同じです。
卵…2個　砂糖…60～70g　牛乳…2カップ

オレンジカスタード

＝4分

＝20分

オレンジの香りと酸味が決め手、
ぜひフレッシュなオレンジでつくってください。
とろっとやわらかい口あたりを楽しんで。

【材料】 容量120mlのココット型4個

卵……2個
グラニュー糖……30g
オレンジのしぼり汁……1カップ

【つくり方】

①ボウルに材料をすべて入れ、やさしく泡立てずにまぜる。
②❶をこしてココット型に入れる。
③❷を鍋に並べて、型の⅓のところまで湯を入れる。ふたをして中火にかけ、沸とうしたら弱火で4分。火からおろし、鍋帽子をかぶせて20分おく。
④冷やしていただく。
＊オレンジや、ミントの葉を飾ってもよいでしょう。

くずきり

＝5分

＝20分

ゆで時間の長い
乾燥くずきりも、
鍋帽子なら短くてすみ、
真夏に、ガス台の前に
立ち続ける必要がありません。

【材料】
乾燥くずきり（1～1.5㎝幅）……100g
黒みつ……適量

【つくり方】

1. 鍋にくずきりとたっぷりの水を入れて火にかける。くずきりが互いにくっつかないように、ときどきかきまぜる。
2. 沸とうしたら5～6分中火で加熱。途中鍋底にくっつかないように何度かさばく。
3. ふたをして火からおろし、鍋帽子をかぶせて20～30分おく。
4. ざるにあげて流水で冷やし、氷水を入れた器に盛りつける。黒みつをたっぷり添えて。

タピオカのぜんざい

＝5分

＝10分

熱々でも、冷やしても
おいしいデザート。
こげつきやすいタピオカが、
失敗なく、
ちょうどよくつくれます。

【材料】
タピオカ小粒（乾燥）……50～60g
ココナッツミルク缶……200㎖
水……250㎖
砂糖……大さじ3
塩……ひとつまみ
ピーナツ、バナナ……各適量

【つくり方】

1. 鍋にココナッツミルクと水、タピオカを入れて、中火にかける。しゃもじで鍋底からこするようにかきまぜながら、沸とうしたら弱火で5～6分ほど煮る。
2. 砂糖と塩を入れてまぜ、火からおろしてふたをし、鍋帽子をかぶせて10～15分おく。
3. 器に盛り、好みの形に切ったバナナと、きざんだピーナツをのせる。

人参ジャム

＝3分＋10分

＝30分

ペースト状にした人参に梅干しを少し入れると、色も日もちもよくなります。あんずジャムにも似た味で、子どもにも食べやすいでしょう。

【材料】
人参…250g　梅干し（種をぬく）…1個
砂糖…70〜100g
はちみつ…大さじ2　レモン汁…大さじ1

【つくり方】
1. 人参は薄切りにして鍋に入れ、ひたひたの水をそそいで火にかける。
2. 沸とう後約3分加熱、ふたをして火からおろし、鍋帽子を30分かぶせる。
3. 鍋帽子をはずし、ゆでた人参をざるにあげる。
4. ❸と梅干しをミキサーにかけてペースト状にし、鍋にもどす。
5. ❹に砂糖を加えて弱火にかけ、10分練る。
6. はちみつとレモン汁を加えてひとまぜし、ひと煮して火を止める。

りんごジャム

＝5分

＝60分

紅玉の時期を待ってつくるりんごジャム。酸味の少ないりんごの場合はレモン汁を補います。

【材料】
りんご（紅玉）…正味500g
グラニュー糖（りんごの40％）…200g

【つくり方】
1. りんごは洗って皮をむき、いちょう切りにする。
2. 厚手鍋（直径20㎝）にりんごと砂糖を加えて火にかける。水分が出てきたところであくをのぞき、沸とうしたら中火の弱で5〜6分加熱し、ふたをして火を止める。
3. 火からおろし、鍋帽子をかぶせて1時間以上おく。再び火にかけてまぜながら水分を煮とばし、やわらかめにしあげる。

＊❸のりんごは、マッシャーで粗くつぶしてもよいでしょう。

甘酒の素

＝7分

＝ひと晩

鍋帽子の保温力が麹の発酵をたすけ、米の甘みとうまみが驚くほど引き出されます。この「素」をお湯で薄めれば、あたたかい甘酒に。塩づけの大根や魚の麹づけにもよいでしょう。

【材料】
もち米…1カップ　水…2カップ
米麹…2カップ

【つくり方】
1. もち米は洗って、分量の水に1時間つけ、P105を参考に炊く。麹はパラパラにほぐしておく。
2. 炊きあがったお粥に、麹をすばやくまぜ、密閉容器（または密閉袋）に移してふたをする。約60℃の湯1.5Lを入れた湯せん鍋に入れ、すぐに鍋帽子をかぶせてひと晩おく。
3. 水分があがり甘味を感じたらよくまぜて、冷蔵庫で保存する。

＊長くおくとすっぱくなるので、2週間くらいで食べきります。
＊保温時間が長いので、夏場は避けましょう。

生活時間の違う家族を支える鍋帽子

井田典子（50代）

使いやすい場所に置いたら、出番が増えた

鍋帽子との出合いは10年ほど前。広島友の会の母が送ってくれたときは、正直、こんなにかさばるものをどこに置こう……と、戸惑ったのを覚えています。初めは、押し入れの座布団の上に鎮座し、出番も少なかったのですが、しばらくして台所のつり戸棚の特等席に移動したら、とたんに、使用頻度が上がりました。今では、夜までしまう間もないほどの大活躍です。

鍋帽子は〝玉手帽子〟

ちょうどそのころから週に2日、自宅で学習教室を始めたため、生徒たちのいる部屋とひと続きの1階台所は、夕方7時ごろまで使えません。教室のある日は、前もって煮ものやシチューをしこんだ鍋に鍋帽子をかぶせて2階に置いておきます。当時バレエに通っていた娘は、夕方、先に食べて行くことができました。中身はふたを開けるまでわからないけれど、必ず〝あたたかいおかず〟が入っている、期待を裏切らない〝玉手帽子〟が、私に代わって娘の腹ごしらえをして送り出してくれたのです。

今も、教室が終わるとすぐに、おなかをすかせた高校生の次男と夕食が始められるのも、鍋帽子のおかげです。

早くておいしい、鍋帽子で炊くごはん

去年から、節電をめざしたのをきっかけに、毎朝のごはんを鍋で炊くようになりました。寝る前に水加減したお米を朝一番で火にかけ、沸とうしたら弱火で7分、一瞬強火にしたら火からおろして鍋帽子をかければ、みそ汁をつくる間にふっくらごはんのできあがり！　鍋の方が断然早くておいしいのです。これまで30年近く、炊飯器のタイマーをセットして寝るのが習慣になっていましたが、まずは手を使えばごはんが炊けるというごくあたり前のことを、家族も実感できました。

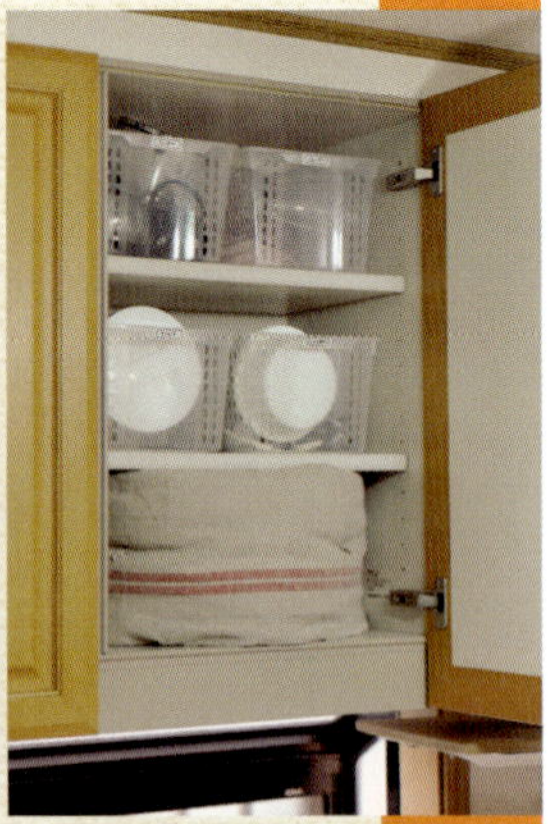

右／鍋帽子の指定席は、とり出しやすさ抜群の調理台上の戸棚。　左／鍋帽子をかぶせるときは、汚れないように鍋にタオルをかけて。

手をかけすぎずに、じっくり味をしみこませる…子育てとの共通点

西洋の諺に「A watched pot never boils（見つめられている鍋はなかなか煮えない）」という言葉があります。子育ても、まだかまだかとふたを開けていじり回していては、なかなか煮えないのかもしれません。しっかりあたためたあとは、煮えてくれることを信じて待つ、そんな関わりができたらどんなにいいでしょう。もう3人の子どもはほとんど育ち上がってしまったけれど、これからは沸とうせず、冷たくもならず、じんわりと包みこむ〝鍋帽子のような〟母でありたいものです。

わが家の鍋帽子
— 使い方例 —

1日、1週間の鍋帽子の出番は表の通りです。友の会や仕事関係での外出、自宅での仕事など、用事のない日はありません。午後から仕事の日は、前もって鍋帽子をかぶせておくと、夕食の心配をせずにすみます。

■ある月曜日の使い方

前夜	米の水加減をする。大豆を水につける
AM5:30	起床・みじたく 鍋でごはん炊き(沸とう後弱火7分。火からおろして鍋帽子をかぶせる) 朝食・おべんとうづくり (ごはんをおひつに移したら、みそ汁の鍋に鍋帽子をかぶせる)
AM6:30	朝食
朝食後	もどした大豆を鍋に入れてゆでる(沸とう後弱火10分、鍋帽子をかぶせる)
午後	ゆで大豆は、3等分する。 ①酢をかけて瓶に保存 ②密閉袋に平たく入れて冷凍 ③玉ねぎ、ベーコンとチリコンカーン風に 塩豚ポトフをつくる 前々日に塩をまぶしておいた肩ロースかたまり肉約500gを洗い、表面を焼く。野菜と水を加えて沸とうしたらあくをとり、弱火10分、鍋帽子をかぶせる。
PM7:00	仕事終了 ポトフをあたため直し、味をととのえる。 塩豚をスライスして盛りつける。 後で食べる家族の分は鍋帽子をかぶせておく。熱々のまま保温できる。
寝る前	鍋帽子はつり戸棚にしまう。

■ある1週間の生活と、鍋帽子(●印)を使った献立

曜日	午前	午後	おもな献立
月		仕事(教室)	●塩豚ポトフ ●大豆のチリコンカーン風 甘酢づけ
火	友の会		●とり肉と根菜の煮もの 豆腐サラダ ●みそ汁
水	研修		●ぶり大根 ●茶碗蒸し ほうれん草のおひたし
木	友の会	仕事(教室)	●ミートボールとキャベツのトマト煮こみ ブロッコリーの塩ゆで 大豆と玉ねぎのサラダ
金	知人宅へ		さけの南蛮づけ ●ポテトサラダ ●みそ汁
土	朝市で買いもの		●中華おこわ コールスローサラダ コーンスープ
日	教会	次男の野球応援	●おでん 小松菜の煮びたし

■大豆は月に1回まとめてゆでて、いろいろな料理に

大豆は月に1回600g(乾燥)をゆで、3等分する。大豆のゆで方P72。わが家で1カ月に食べきる量。

①酢大豆に。瓶にゆで大豆を入れて、ひたひたまで酢をかける。サラダに。
冷蔵庫で1週間保存できる。

②密閉袋に薄く平らに入れて冷凍。

③ベーコン、玉ねぎと炒めてチリコンカーン風に。そのままでも、オムレツやサンドイッチの具、スープに。

鍋帽子のルーツ

鍋帽子は、いつ頃から使われてきたのでしょうか。『婦人之友』誌上に、そのルーツをたずねました。

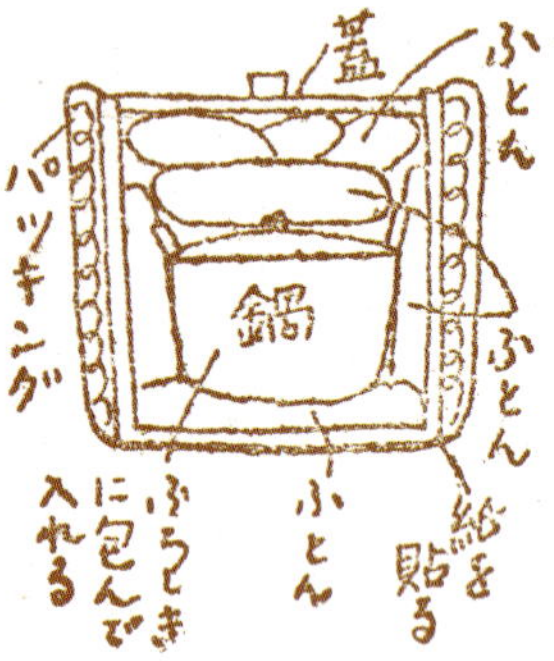

木箱で作る火なし焜炉

この冬どこの家にも備へたい
火なし焜炉の作り方
（1943年12月号）

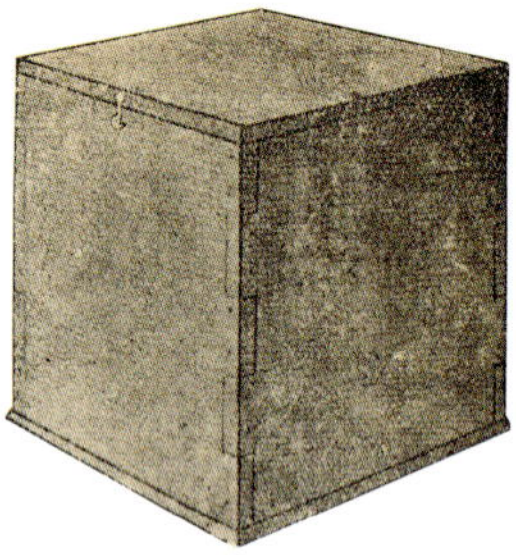

火なしこんろ

高一尺五寸五分　巾一尺五寸
實価　金三円八十銭　白イタリアネル製蒲団二枚つき
（1916年3月号）

大正5年の提案

『鍋帽子』の原型といえる「火なしこんろ」が、婦人之友誌上で提案されたのは１９１６（大正５）年。家庭での煮炊きには、おもに炭が使われていた時代のことです。それは、木製の箱の底におがくずを敷き、半調理した鍋釜を入れ、おがくずをつめたふとんで覆うというものでした。

「大抵の煮物は、一度煮たつてからは、強くない火で急かさずに煮る方が、柔らかにふつくりと出来上ります。即ち沸騰点に近い熱で煮るのがよいのです。それで煮物のよく煮たつまで火にかけて、その後火なしこんろに入れさへすれば、煮たつた時の熱を冷まさずに、その儘《まま》保つて行くことになります…（原文）」と、当時の記者は原理について書き、「…煮物が吹きたつたり、焦げついたりする恐れもなく、煮物をしかけてお洗濯も出来ませうし、買物にも出られる…つまり火なしこんろが一人前のお手傳《てつだい》をするのでございます（原文）」と、その効用をあげています。そして、煮しめや煮豆、ごはんの炊き方を紹介。

よいものは多くの人に広めたいと「買物部」を設けていた婦人之友社では、「火

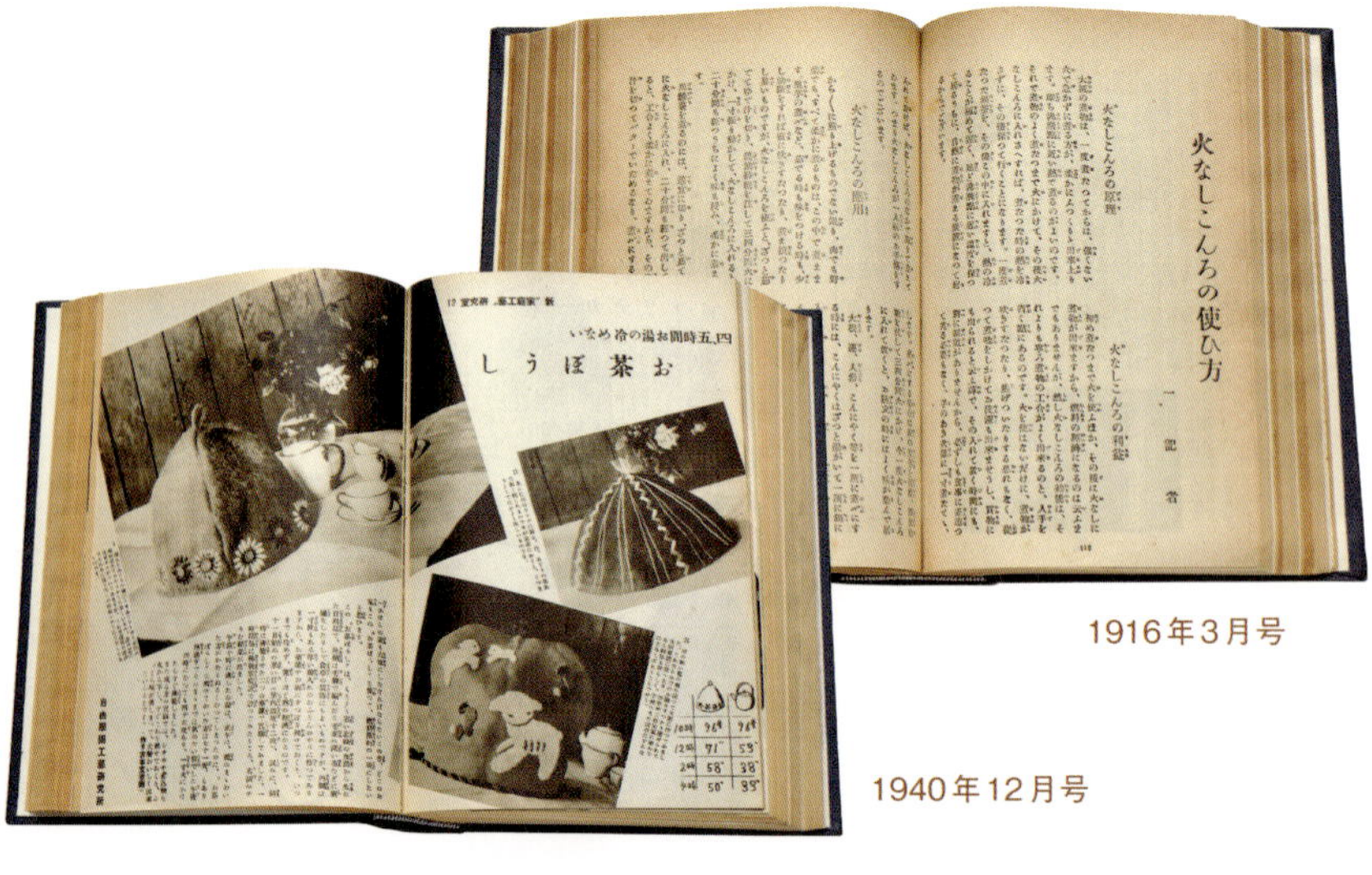

1916年3月号

1940年12月号

リネン

この本の発刊に合わせて製作。リネン地にライン赤、ライン茶の２色。プラネテと同じ250gの綿を使用

プラネテ

自由学園工芸研究所作のプラネテ柄。色はポピー（写真）とクローバー（緑）の２色。250gの綿が入る。

仔羊のお茶ぼうし

「麻地で大き目に作ってみました。お鍋もすっかり覆せられて大変重宝。仔羊が元気に遊ぶ図案も愛らしく、子供たちの食卓にどんなに喜ばれることでしょう」　（1940年12月号）

なしこんろ」をつくって、さっそく読者にお頒けしたのでした（右上写真）。

工夫を重ねて

昭和に入っても、貴重な燃料を効率よく使い、味よくしあげる煮炊きについて、家庭ならではの実験が続きます。

１９４０（昭和15）年、つくり方をあわせて提案した「お茶ぼうし」は、刺繍やアップリケ、毛糸を使った楽しいもの（上写真）。現在の鍋帽子とほぼ同じ形で、使いやすさとデザインが評判を呼び、読者の間に広まりました。

その後、戦時下の切実な燃料節約も、さまざまな工夫を促しました。

ヒロシマから世界へ、そして被災地へ

戦後の高度経済成長期を経て、公害などによる環境汚染が深刻化した１９７０年以降、誌上には環境問題に関する記事が増えます。73年に友の会との共同研究としてとりくんだ「適量の生活」は、暮らしや社会の中の〝ちょうどよい量〟を検証、持続可能なシンプルライフを目ざす画期的な試みでした。

その流れの上に90年代、各地の友の会は、古着などの再利用でつくる「鍋帽子」により、光熱費の削減を呼びかけます。それは同時に、家庭でできるCO_2排出量の削減でもありました。

そして２０００年、「これ以上、原発を増やさない。そのために鍋帽子を広めたい」という、被爆地・広島友の会の熱心な実践が誌上で発信されると、料理のレシピと共に海外にまで広がっていったのです。全国友の会の鍋帽子開発・普及活動は、平成14（２００２）年度の地球温暖化防止活動による環境大臣賞を受けました。

２０１１年の東日本大震災によって、鍋帽子の力はエネルギー有効利用の観点からますます求められ、被災地の仮設住宅でも愛用されています。

鍋帽子の手入れと洗濯方法

鍋帽子は調理に使うものなので、いつも清潔に保ちましょう。
風の強い晴れた日に洗うと、1日で乾きます。

黒沢雅子（神奈川）

〈洗濯方法〉

1 部分洗い：特に汚れているところや、ソースやカレーなどのシミがついた部分は、少量の中性洗剤をつけてつまみ洗いする。

2 本洗い：鍋帽子が入る容器に、かぶるくらいのぬるま湯を入れ(6Lくらい)、中性洗剤を大さじ1入れて泡立たせ、鍋帽子を入れて押し洗いする。表、裏とも洗濯ブラシで軽くこする。特に鍋座布団や裾部分は汚れているので、ていねいにする。

3 すすぎ：一度脱水してから、ぬるま湯ですすぎ洗いをする。湯をかえ、きれいになるまで2回くらいすすぐ（流水ですすいでもよい）。

4 脱水：5分ほど脱水する。

5 干し方：中綿に少しでも空気が入るように形を整えたあと、ふりさばき、形をくずさないように止めて干す（右絵参照）。途中で裏返すと早く乾き、全体がふわふわになる。

6 しあげ：すっかり乾いたら、もう一度中綿をほぐすように形を整える。

〈簡単な手入れ〉

●汚れには

かたく絞った濡れタオルでときどき拭くこと。汚れてしまったら部分洗いを。いずれもよく乾燥させることが大切。

●干してふわっと

布団を干したくなるようなカラリと晴れた日には、ベランダや軒下につるしてひなたぼっこを。湿気がぬけてふかふかに。

洗ったら元の重さより軽くなるまで乾かすのがポイント　私の場合、鍋帽子…443gが416g、鍋座布団…100gが91gに

置き場所の工夫

出番は多いけれど、少々かさばる鍋帽子。どこに置いたら、使いやすいでしょう。この実例のほか、P56、P116もご覧ください。

●大谷雅江さん（右絵参照）

ごはんにおかずに、3つの鍋帽子を使っているので、専用の棚を用意しました。食器棚の横、食卓からも近い場所に設置し、電子レンジなどもその棚に収めています。さっと手の届くところにあるので、使い心地はさらにアップ。保温中の〝鍋入り鍋帽子〟が並び、食事時間を待っています。

鍋帽子の置き場所（声）

●食卓の下にS字フックをつけ、ループをつけた鍋座布団と一緒に下げています

●まんまる鍋帽子を逆さに置き、中に布巾2枚と鍋座布団を入れ、そのままシンクの下の引き出しに収めます

高さ115cm　幅75cm　奥行き37cm
同じ棚には軍手と洗濯バサミ（熱いものをつかんだり、片手鍋の開き口を止める）も。安全を考えて、鍋は下2段に置く。

縫ってみよう

鍋帽子

まんまる鍋帽子

まるくてふかふかの鍋帽子は保温力が抜群。鍋の下に敷く鍋座布団は、鍋帽子との間に隙間ができない大きさで、熱を逃がしません。ていねいに綿を入れて、きれいなまるみをつくりましょう。

きんちゃく型鍋帽子

直線だけでしたてるので、縫うのも綿入れも簡単です。片手鍋の持ち手を出すためのスリットを入れる場合は、この形で。

ひもをとくと平らになる。

鍋ぶとん

中綿の代わりに古毛布やキルティングなどを使います。使わないときにはコンパクトにたためます。わが家の鍋の大きさに合わせて、サイズを加減してつくってください。

＊共に、直径27㎝までの両手鍋が入る大きさです。

【用意するもの】

表布・裏布	●木綿、ウール、リネンなど。●化繊は熱で溶けることがあるので避ける。 ●柄に向きがある布は、裁ち方を考えて必要な量を用意する。
中綿	●ポリエステル100％ ●手芸用などの圧縮パック綿で、広げるとシート状になっているものを。 ●ふとん打ち直しの足し綿（1枚300ｇ）をふとん屋で購入してもよい。
針	●綿と布を縫い止めるときには、長めの針があると作業しやすい。 ●しあげのとじつけは刺繍針を。

まんまる鍋帽子

【用意するもの】 P121参照
A表布：木綿、ウール、リネンなど…110㎝幅×70cm（90cm幅×100㎝）
B裏布：木綿…110㎝幅×70cm（90cm幅×100㎝）
C中綿：ポリエステル100％…300g～330g
・ミシン糸、しつけ糸、刺繍糸、ボタン（直径2㎝）1個

【裁ち方図】

型紙（巻末ページ）を置き、ヘラで印をつける。縫い代をつけて裁断。

＊無駄を出さないために、布目を横に裁ちます。

B
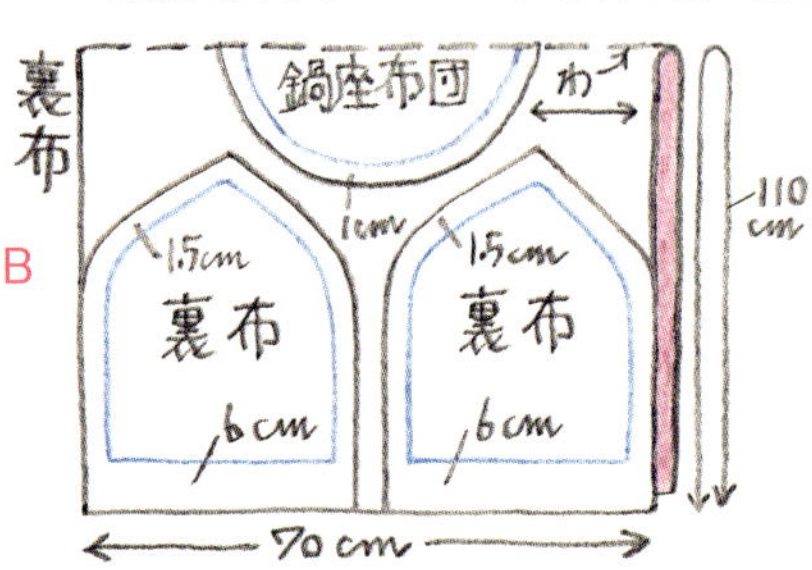

A
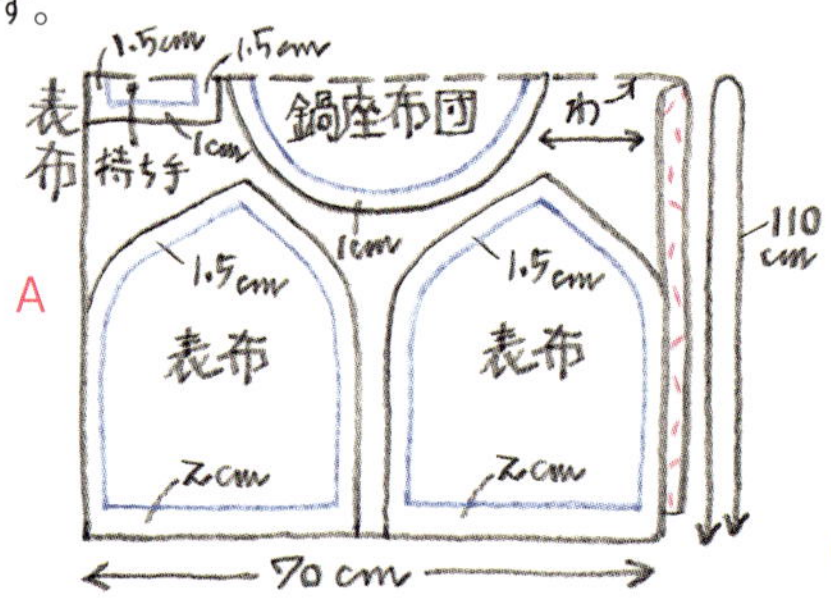

C
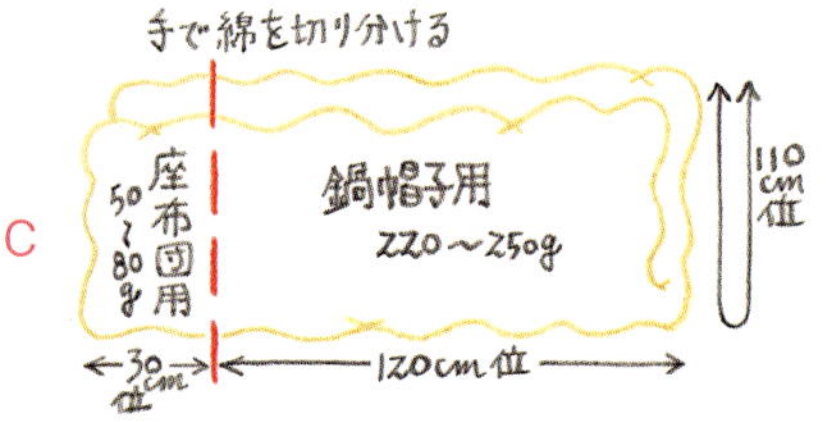

＊綿は、手のひらを使ってそっと均等にのばし、サイズをととのえる。

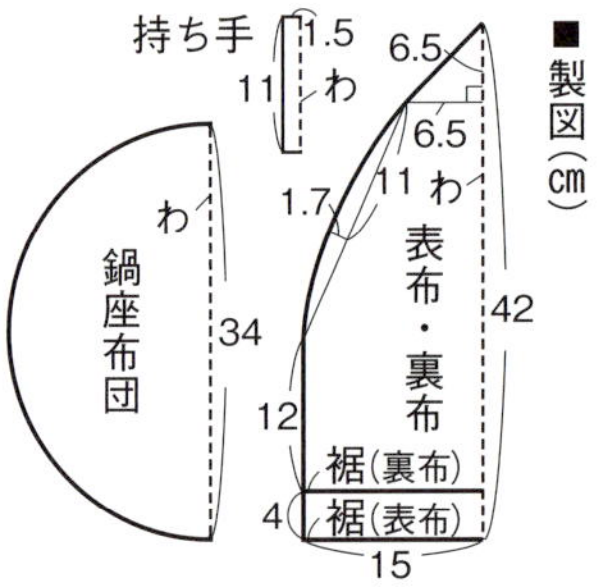

＊製図は、実物大型紙と同じ。お手持ちの鍋に合わせてつくりたい場合は、この製図を参考にしてください。

【縫い方】

❶持ち手を図のように４つ折りにしてステッチをかける。

❷表布４枚を、２枚ずつ中表に合わせて片側を縫い、縫い代を割る。裏布も同様に縫い合わせる。

❸❷をそれぞれ中表に合わせる。表布には❶を２つ折りにしてはさむ。縫い合わせて縫い代を割る。

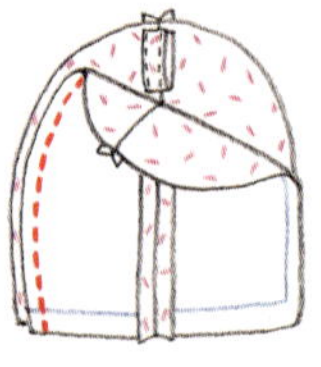

❹表布を表に返し、裾を本線で折り上げる。裏布は裏のまま裾を折り、アイロンで折り線をつけたら開いておく。

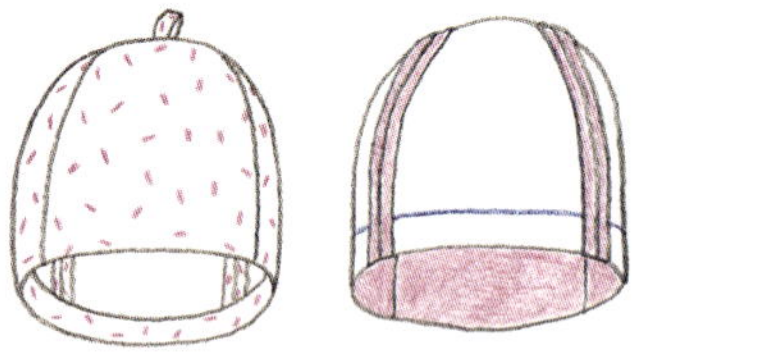

❺鍋座布団の布を中表に合わせ、綿入れ口を残して縫い合わせる。縫い代を表布側に折ってアイロンをかけ、表に返す。

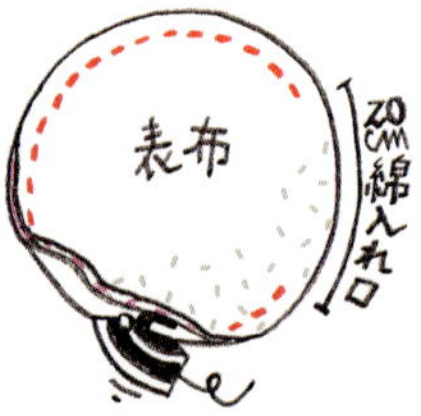

【 綿入れ 】

❶鍋帽子用の綿を図のように用意して、裏布をのせ、一部分をしつけ糸で止める。

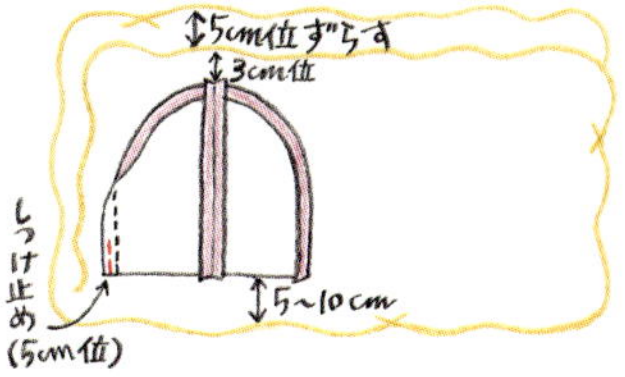

❷綿で裏布を巻き、重なり部分の綿の層をはがし、薄くのばしながら交互にはぎ合わせる。厚みが均一になるようにていねいに。

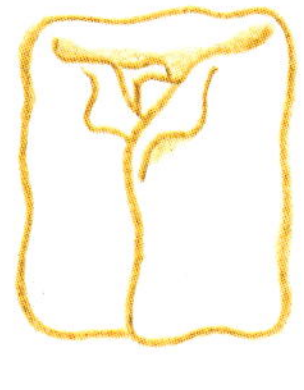

❸裏布の裾を本線で折り返し、しつけ糸で仮止めする。

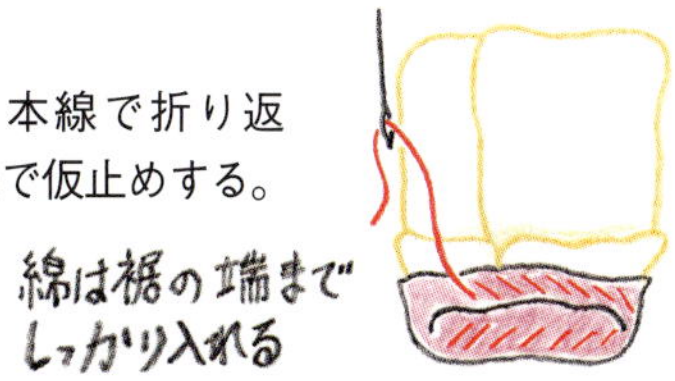

❹裏布と同色の糸で、3cmくらいのゆるい並縫いをする。

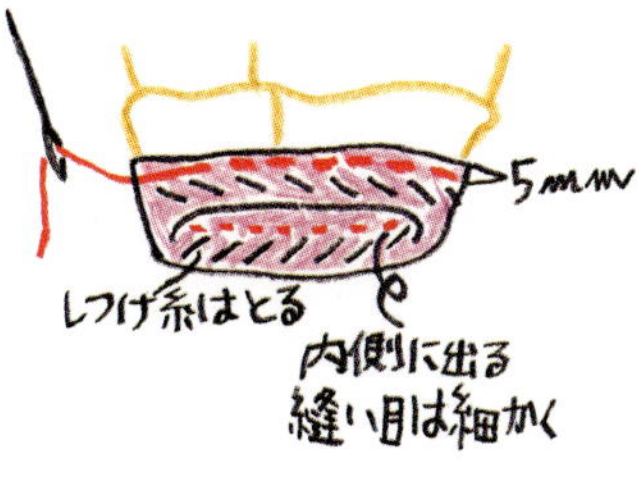

❺成形しやすいように、バケツや鍋、ボウルなどにかぶせる。

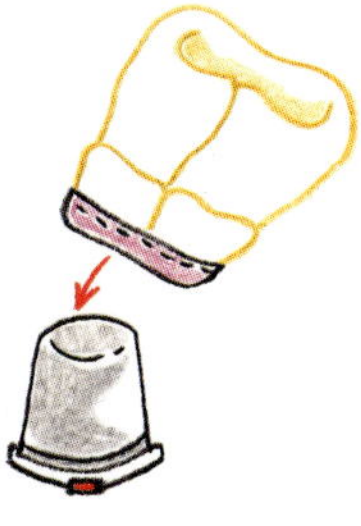

❻綿の上部3カ所に、手で切り込みを入れる。綿の層を2～3枚に分けて交互に重ね、形をととのえる。

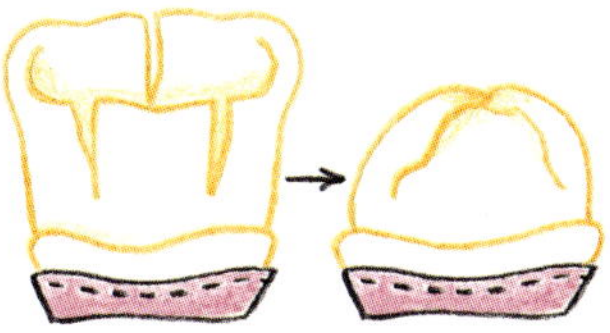

❼表布をかぶせる。裏布の本線に表布の本線を合わせて、縦まつりをする。

❽表布、綿、裏布がずれないようにとじつける。頂点は、糸が表に見えないように持ち手の間を通し、裏はボタンを使って止める。

側面のとじつけ方（刺繍糸…6本取り／8カ所）
1～4の順に針を刺し、糸を中心でひとまとめにして結ぶ。結び目から2cm残して糸を切る。

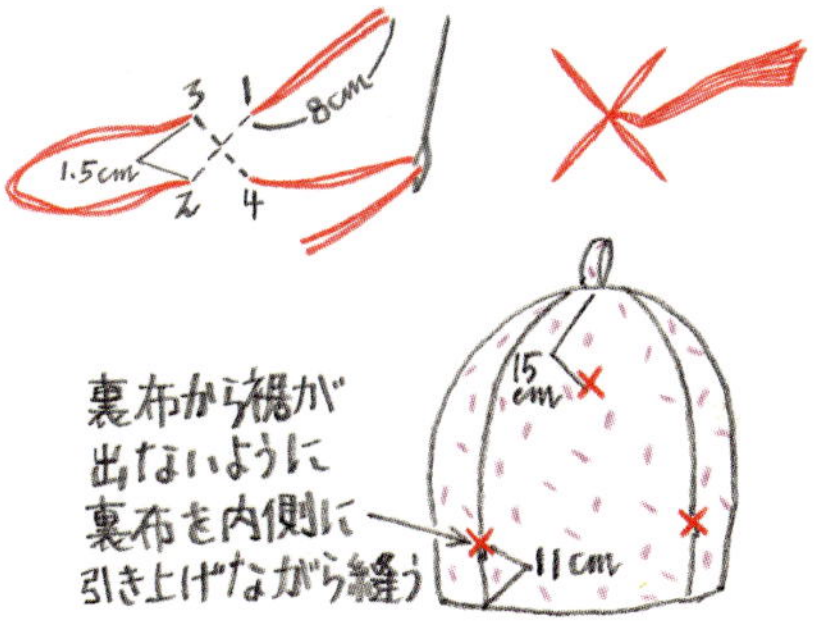

【 鍋座布団に綿を入れる 】

❶綿を、直径36cmくらいの円形にととのえ、円のまわりを中心に集めるようにして綿を圧縮して握る。

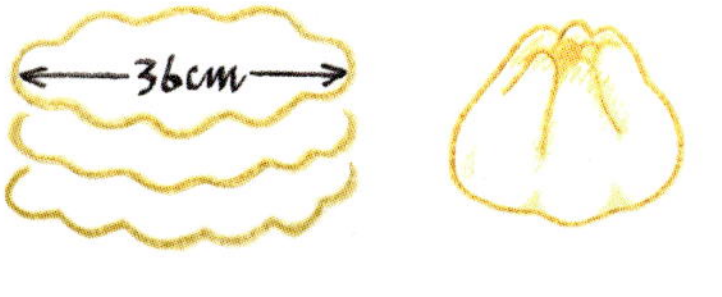

❷握った手を綿入れ口から中心まで入れたら、綿を離し、広げながらととのえる。

❸綿入れ口を縦まつりでとじ、中心を刺繍糸でとじつける。

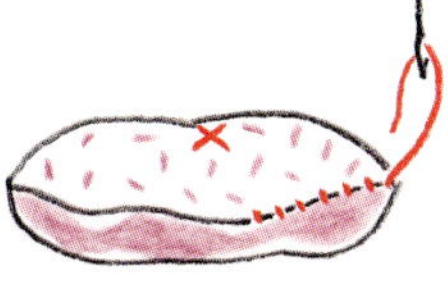

きんちゃく型鍋帽子

【用意するもの】
P121参照

A 表布：木綿（薄地）、リネンなど…45㎝×63㎝　2枚
B 裏布：木綿…45㎝×63㎝　2枚
C ひも通し：表布と同じ布…21㎝×61㎝　2枚
D 鍋座布団：裏布と同じ布…直径36㎝の円形　2枚
E 中綿（ポリエステル100％）…300g〜330g
• ひも（綿・細〜中細）…130㎝　2本
• ミシン糸、しつけ糸、刺繍糸

【裁ち方図】

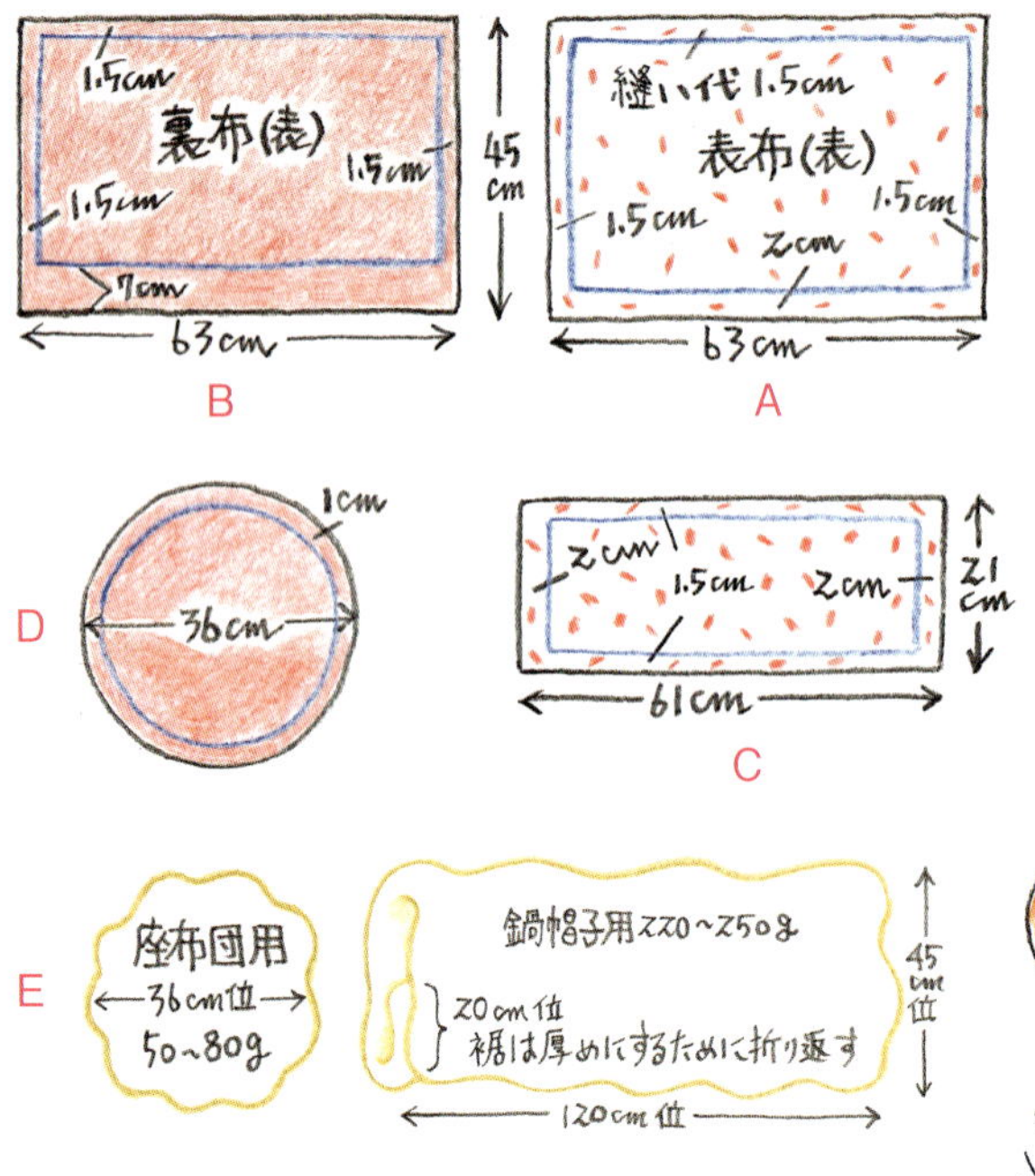

1.5cm
裏布(表)
1.5cm
1.5cm
7cm
63cm
45cm
B
縫い代1.5cm
表布(表)
1.5cm
1.5cm
2cm
63cm
A
1cm
36cm
D
2cm
1.5cm
2cm
21cm
61cm
C
E
座布団用
36cm位
50〜80g
鍋帽子用250〜250g
20cm位
裾は厚めにするために折り返す
45cm位
120cm位

＊綿を手で切り分けて、形をととのえておく。

【つくり方】

❹中表に二つ折りにして縫う。縫い代は割る（図A）。
❺表布と裏布の裾を本線で外表に折り、アイロンをかける（図B）。

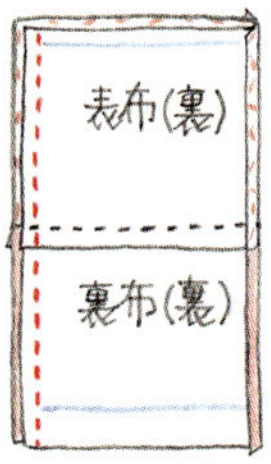

表布(裏)
裏布(裏)

図A

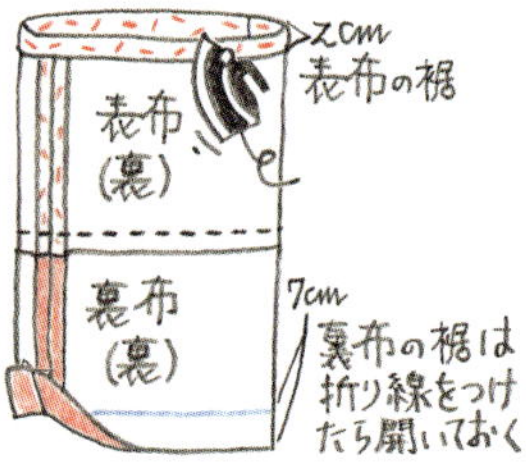

2cm
表布の裾
表布(裏)
裏布(裏)
7cm
裏布の裾は折り線をつけたら開いておく

図B

＊鍋座布団はP122〜123参照。

❶ひも通しを2枚縫う。

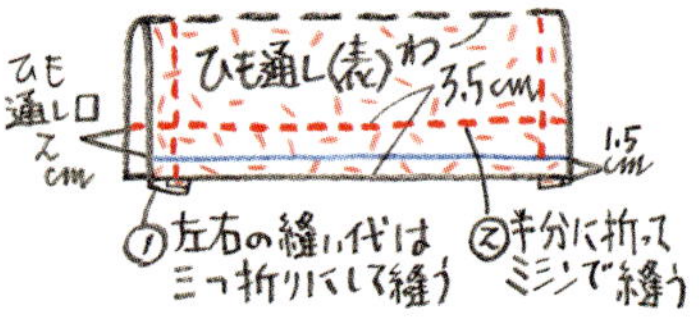

ひも通し(表)
わ
3.5cm
ひも通し口
2cm
1.5cm
①左右の縫い代は三つ折りにして縫う
②半分に折ってミシンで縫う

❻綿を裏布に巻きつける。重なり部分は、綿の層をはがして薄くのばしながら交互にはぎ合わせる。
❼裏布の裾を折り上げ、しつけ糸で仮止めする（図C）。

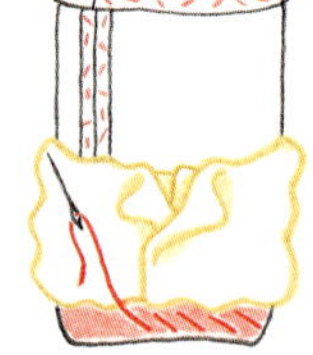
図C

❷表布2枚を中表に合わせ、片側を縫う。開いて縫い代を割る。裏布も同様に縫う。
❸表布と裏布を中表に合わせ、❶をはさんで縫う。表布と裏布を開いて、縫い代は裏布側、ひも通しは表布側にたおす。

❽表布を綿にかぶせる。
❾裏布の本線に表布の本線を縦まつりでまつる（図D）。
❿8カ所を刺繍糸でとじつける（P123参照）。
⓫ひも通しにひもを2本通す。

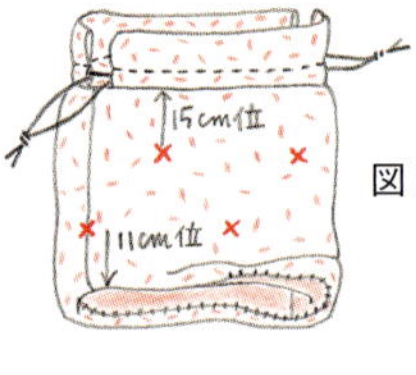

15cm位
11cm位

図D

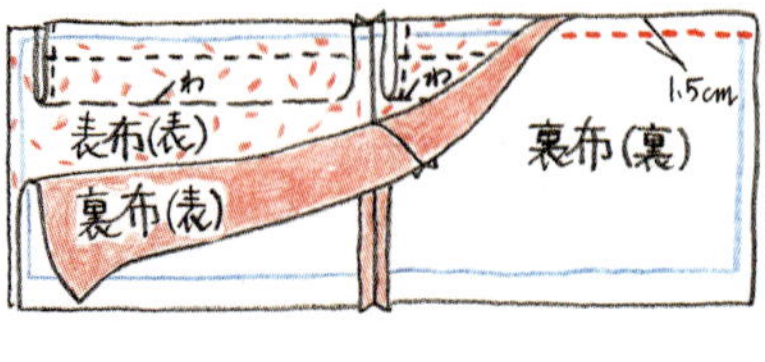

鍋ぶとん

【用意するもの】
P121参照

- 表布・裏布：木綿、リネン、ウールなど…73cm ×73cm 2枚
- ひも用の布…6cm×122cm 2枚
- 中布（古毛布、キルティングなど）…70cm×70cm　1〜2枚

＊ひもをつくる
端（4辺）を1cm折ってから2つ折りにしてまわりを縫う。

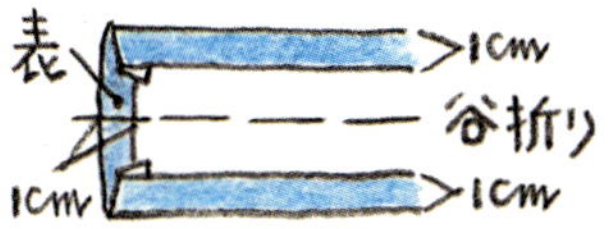

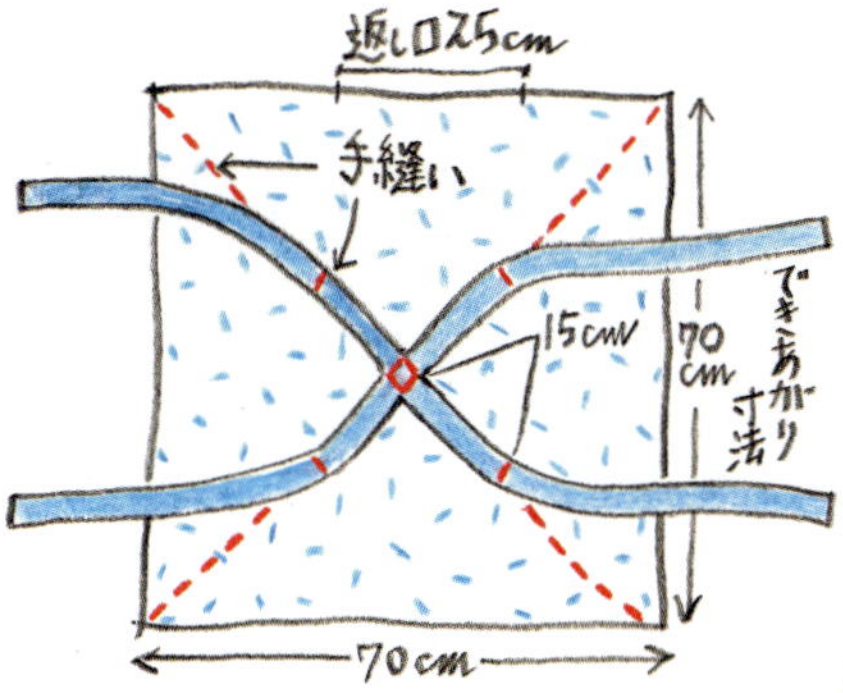

図A

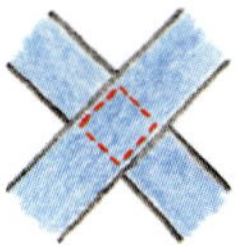

図B

できあがり

【つくり方】

❶表布と裏布を中表に合わせ、返し口を残して、縫い代1.5cmでまわりを縫う。
❷表に返し、返し口から中布を入れて、返し口はまつりとじる。対角線に並縫いをして中布をおさえる（図A）。
❸ひもを❷に対角線におき、中心と、中心から15cmのところを止めつける（図B：中心の縫い方）。
＊鍋を包むときは鍋ぶとんに鍋敷きを置いて。専用に鍋座布団（P122・123参照）をつくってもよい。

応用編

きんちゃく型
鍋帽子を
片手鍋用にしたてる

【用意するもの】
- ひも（細）…8cm
- ボタン（直径2cm）…1個

❶ P124の❸までつくったら、縫い代を裏布側にたおす。ひもをループにして片側にはさみ、両側を縫って表に返す。

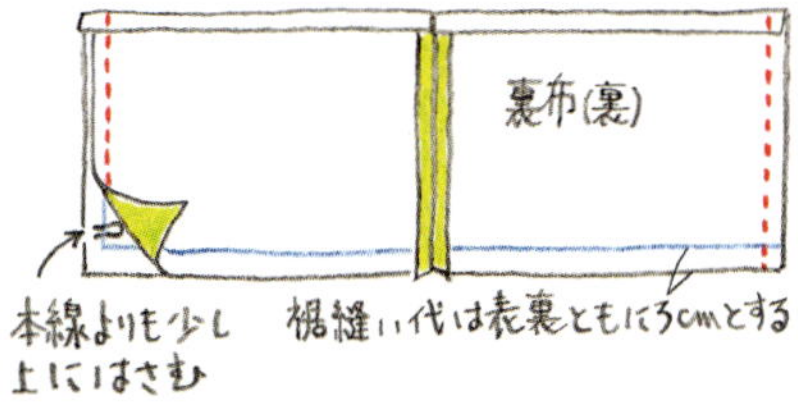

❷裾を本線で内側に折り、綿を入れて裾をとじる。

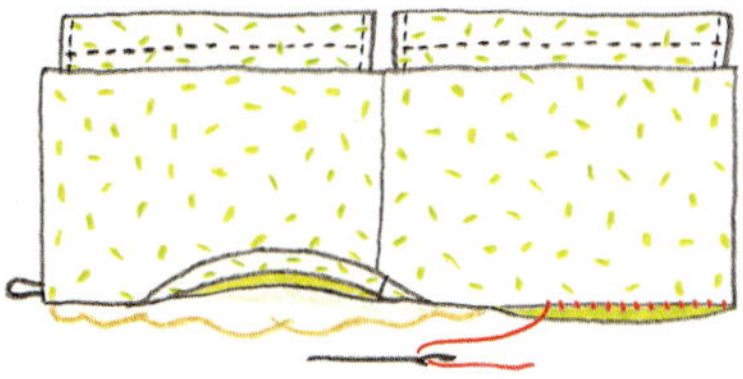

❸下図のように両端を1cm重ねて、上から20cm位を2本取りの本返し縫いで合わせる。ボタンをつけ、中綿をとじつける（とじつけ位置P124、とじつけ方P123参照）。

❹ひもを通して、できあがり。

材料別索引

肉

牛肉
肉じゃが……26
ビーフシチュー……36
ボルシチ……38
韓国風具だくさんスープ……90
牛すね肉と玉ねぎのマリネ……100

豚肉
大根と豚バラのスープ……14
煮豚……20
すき昆布の炊きこみごはん……33
豚の角煮……40
みそ煮豚……41
ポークカレー……42
豚肉のワイン煮……43
ゆで豚……68
じゃが芋と豚肉の蒸し煮……82
豚汁……84
キャベツと豚バラ肉のスープ煮……91
中華おこわ……107

とり肉
チキンポトフ……18
とりハム……22
和風の茶碗蒸し……24
五目炊きこみごはん……32
筑前煮……44
とり手羽元のさっぱり煮……45
とりのトマト煮こみ……47
サムゲタン……48
クリームシチュー……50
ゆでどり……68
とり肉のはちみつ煮……69
コーヒーチキン……69
のっぺい汁……85
パエリア……108
チキンライス……109
シンガポールチキンライス……110

ひき肉
肉づめピーマン……51
大きな肉だんご……53
ロールキャベツ……54
ミートソースパスタ……55
かぼちゃのそぼろ煮……79
高野豆腐の印ろう煮……98

ベーコン
ラタトゥイユ……76
畑の宿がえ……77
ポークビーンズ……96

魚介

あさり
アクアパッツァ風……59
パエリア……108

アンチョビー
バーニャカウダソース……61

いか
いかと根菜類の煮もの……63

いさき
アクアパッツァ風……59

えび
バーニャカウダソース……61
パエリア……108

さけ
サーモンの香り蒸し……60
さけの粕汁……85
サーモンの冷製……100

さんま
さんまの甘露煮……64
さんまのピリ辛煮……65

白身魚
白身魚のムニエル……62

ぶり
ぶり大根……81

練りもの
おでん……29

卵・乳製品

卵
和風の茶碗蒸し……24
干しえびの茶碗蒸し……24
きのことほうれん草のフラン……25
おでん……29
とり手羽元のさっぱり煮……45
ゆで卵いろいろ……70
カスタードプリン……112
オレンジカスタード……113

牛乳
クリームシチュー……50
かぼちゃのミルク煮……79
野菜のポタージュ……86
ヴィシソワーズ……89
かぼちゃのポタージュ……89

チーズ
きのことほうれん草のフラン……25
じゃが芋と豚肉の蒸し煮……82

豆

金時豆
金時豆の甘煮……73

黒豆
黒豆……95

白いんげん豆
ミネストローネ……31
白いんげん豆のスープ……87

白花豆
ポークビーンズ……96
白花豆をゆでる……96

大豆
大豆をゆでる……72
ぶどう豆……72
五目豆……94

ひよこ豆
ひよこ豆をゆでる……96
ひよこ豆のサラダ／ディップ……97

豆製品

油揚げ
五目炊きこみごはん……32
豚汁……84
さけの粕汁……85

がんもどき
おでん……29
大根とがんもどきの煮もの……81

豆腐
韓国風具だくさんスープ……90

海藻

昆布
おでん……29
昆布の佃煮／昆布だし……99

すき昆布
すき昆布の炊きこみごはん……33

乾物

高野豆腐
高野豆腐の印ろう煮……98

くずきり
くずきり……114

タピオカ
タピオカのぜんざい……114

干ししいたけ
筑前煮……44
かんたん煮しめ……78
のっぺい汁……85
中華おこわ……107

干しえび
干しえびの茶碗蒸し……24
中華おこわ……107

野菜

かぼちゃ
かぼちゃのそぼろ煮……79
かぼちゃのミルク煮……79
かぼちゃのポタージュ……89

きのこ
和風の茶碗蒸し……24
きのことほうれん草のフラン……25
五目炊きこみごはん……32
サーモンの香り蒸し……60
昆布の佃煮……99

キャベツ
ロールキャベツ……54
キャベツと豚バラ肉のスープ煮……91

ぎんなん
サムゲタン……48

ごぼう
五目炊きこみごはん……32
いかと根菜類の煮もの……63
さんまの甘露煮……64

こんにゃく
おでん……29
筑前煮……44
かんたん煮しめ……78
豚汁……84
のっぺい汁……85
さけの粕汁……85

里芋
おでん……29
韓国風具だくさんスープ……90

じゃが芋
肉じゃが……26
じゃが芋と豚肉の蒸し煮……82
ヴィシソワーズ……89

しらたき
肉じゃが……26

野菜

玉ねぎ
肉じゃが……26

大根
大根と豚バラのスープ……14
おでん……29
いかと根菜類の煮もの……63
ぶり大根……81
大根とがんもどきの煮もの……81

人参
肉じゃが……26
五目炊きこみごはん……32
とり手羽元のさっぱり煮……45
いかと根菜類の煮もの……63
人参ジャム……115

白菜
大きな肉だんご……53

ピーマン
肉づめピーマン……51

ほうれん草
きのことほうれん草のフラン……25

いろいろ
チキンポトフ……18
（じゃが芋、人参、セロリ、玉ねぎ、キャベツ）
ミネストローネ……31
（玉ねぎ、人参、じゃが芋、キャベツ、セロリ、トマト水煮）
ビーフシチュー……36
（玉ねぎ、セロリ、トマト水煮、小玉ねぎ、人参、じゃが芋、さやいんげん）
ボルシチ……38
（玉ねぎ、じゃが芋、人参、セロリ、キャベツ、ビーツ、トマト水煮）

野菜

ポークカレー……42
（じゃが芋、人参、玉ねぎ）
豚肉のワイン煮……43
（人参、玉ねぎ、セロリ）
筑前煮……44
（ごぼう、れんこん、人参、里芋、ゆでたけのこ）
とりのトマト煮こみ……47
（小玉ねぎ、ピーマン、パプリカ、マッシュルーム、トマト水煮）
クリームシチュー……50
（じゃが芋、人参、玉ねぎ、ブロッコリー、カリフラワー）
ミートソースパスタ……55
（玉ねぎ、人参、セロリ）
ゆで野菜／蒸し野菜……70／71
（じゃが芋、人参、さつま芋、かぼちゃ、玉ねぎ、キャベツ、グリーンアスパラガス、セロリ、パプリカ）
ラタトゥイユ……76
（トマト、なす、玉ねぎ、パプリカ、ズッキーニ）
畑の宿がえ……77
（玉ねぎ、人参、なす、キャベツ、ズッキーニ、赤ピーマン、じゃが芋、かぼちゃ、さやいんげん）
かんたん煮しめ……78
（大根、人参、ごぼう、里芋、れんこん）
豚汁……84
（大根、人参、ごぼう、里芋、長ねぎ）
のっぺい汁……85
（里芋、大根、人参、ごぼう、しめじ、さやいんげん）

野菜

さけの粕汁……85
（大根、人参、里芋、ごぼう）
1kg野菜のポタージュ……86
（玉ねぎ、人参、じゃが芋、かぶ、キャベツ、セロリなど）
白いんげん豆のスープ……87
（じゃが芋、玉ねぎ、セロリ、人参、キャベツ）
韓国風具だくさんスープ……90
（大根、里芋、白菜、長ねぎ）
ひよこ豆のサラダ……97
（きゅうり、パプリカ、アボカド）
チキンライス……109
（玉ねぎ、人参、さやいんげん、マッシュルーム）

果物

オレンジ
オレンジカスタード……113

りんご
りんごジャム……115

米／めん

白米・玄米
五目炊きこみごはん……32
すき昆布の炊きこみごはん……33
ごはん……105
玄米ごはん……105
お粥／小豆粥……106
パエリア……108
チキンライス……109
シンガポールチキンライス……110

もち米
中華おこわ……107
甘酒の素……115

パスタ
ミートソースパスタ……55

■ 協力
全国友の会

■ 撮影
青山紀子
境野真知子（本社）

■ アートディレクション／デザイン
山本めぐみ（EL OSO LOGOS）

■ デザイン
東　水映（EL OSO LOGOS）

■ スタイリング
竹山玲子

■ イラスト
片岡樹里

■ グラフ
松村達男

＊鍋帽子は、公益財団法人全国友の会振興財団が商標登録していますので、個人で制作したものを、鍋帽子として販売することはできません。

かぶせておくだけ！ふっくら保温調理
魔法の鍋帽子®――レシピ85

2012年 3月 5日　第 1 刷発行
2025年 3月 1日　第20刷発行

編者　　　婦人之友社編集部
発行所　　婦人之友社
　　　　　〒171-8510
　　　　　東京都豊島区西池袋2-20-16
電話　　　03-3971-0101
振替　　　00130-5-11600
印刷・製本　大日本印刷株式会社

©Fujin-no-tomo-sha 2012　Printed in Japan
ISBN978-4-8292-0623-2

この本で紹介している鍋帽子を ご購入いただけます

コットンの鍋帽子

○税抜価格：3455円（送料別）
○表布：コットン（ダンガリー・グレー）
　裏布：コットン（ギンガムチェック・赤）
　中綿：ポリエステル
○サイズ：外周約120cm／幅約37cm／
　　　　　高さ約32cm
＊鍋座布団とセットです

〈 コットンの鍋帽子の申し込み方法 〉

◆ メール：nabeboushi@zentomo.jp
◆ FAX　：03-3971-5768
◆ はがき：〒171-0021 東京都豊島区
　西池袋　2-20-11
　全国友の会　宛

＊ 氏名・商品送り先・TEL・FAX・メールアドレスをお書きください
＊ 確認後、友の会からご連絡し、送料着払いで発送いたします。ご注文から発送まではおよそ2週間です
＊ 商品と振込用紙を同梱、届き次第ご入金ください
＊ 問い合わせ：全国友の会
　TEL:03-3971-9359（火・金の10～16時）